Achimenes-Hybride.

Elegante Gardenien-Blüten.

39 Die richtige Pflege
Gießen, düngen und vermehren

40 Richtig Gießen ohne Mühe
40 Der passende Zeitpunkt
40 Wassertemperatur
40 Wasserhärte
41 Säuregrad des Wassers
41 Sprühen
42 Die richtige Pflanzenernährung
42 Dünger-Arten
44 Hübscher Nachwuchs
46 PRAXIS Pflanzen selber ziehen
48 Schöneres Wachstum durch Zurückschneiden
50 PRAXIS Umstellen auf Hydrokultur
52 Regelmäßige Kontrolle
52 Abstauben
52 Gefäße reinigen
52 Blattglanz
52 Das Umtopfen
53 Gebrauchtes Granulat
53 Wurzelballen beschneiden
54 Pflege von Bodengefäßen
55 Hydrokultur im Urlaub
56 Vorbeugen ist besser als heilen
56 Bekämpfung von Schädlingen
56 Die fünf häufigsten Schädlinge
57 Die fünf häufigsten Pflegefehler

58 Sach- und Pflanzenregister

62 Literatur

63 Warnung und Hinweis

63 Impressum

Der Autor
Karl-Heinz Opitz ist anerkannter Hydrokultur-Experte mit jahrzehntelanger Erfahrung. Nach Abschluß seines Gartenbaustudiums wirkte er maßgeblich an der Entwicklung verschiedener innovativer Hydrokultur-Systeme mit und verfaßte mehrere Fachbücher zum Thema.

Die Fotografen
Jürgen Stork, führender Natur- und Pflanzenfotograf, hat Arrangements mit Hydrokultur-Pflanzen exklusiv für diesen GU-Ratgeber fotografiert. Daneben weitere Fotos von bekannten Fotografen (→ Nachweis, Seite 63).

Der Zeichner
György Jankovics ist ausgebildeter Grafiker. Er studierte an den Kunstakademien von Budapest und Hamburg. Für eine Reihe angesehener Verlage zeichnet er Tier- und Pflanzenmotive. Viele Titel hat er auch für den GU Naturbuch-Verlag illustriert.

Wichtig: Damit Ihre Freude an Hydrokultur-Pflanzen nicht getrübt wird, beachten Sie bitte »Warnung und Hinweis« auf Seite 63.

Karl-Heinz Opitz

Hydrokultur – die einfache Pflanzenpflege

Üppige Zimmerpflanzen
ohne Erde – mit Tips
für die Pflanzen-
und Gefäßwahl

Farbfotos: Jürgen Stork
und andere bekannte
Pflanzenfotografen
Zeichnungen: György Jankovics

GU GRÄFE UND UNZER

Inhaltsübersicht

Wasser ist Leben
Ein Wort zuvor

Hydrokultur-Pflanzen sind im Zimmer mehr als nur Zierde, sie können das Raumklima verbessern und das Wohlbefinden des Menschen steigern. Sie bringen üppige Natur in die eigenen vier Wände, und das bei geringem Pflegeaufwand. In Kombination mit geschmackvollen Gefäßen können erdlose Pflanzen jeden Wohnraum eindrucksvoll aufwerten und gestalten.
Karl-Heinz Opitz informiert Sie umfassend, wie Hydrokultur funktioniert und welches Zubehör Sie dafür brauchen. Ausführlich stellt er Blüten- und Blattpflanzen sowie Orchideen und Kakteen vor, die sich für Hydrokultur eignen. Farbige Zeichnungen vermitteln leicht verständlich das Grundwissen über Technik, Pflege und Vermehrung. Dazu Tips für die Erste Hilfe bei Pflegefehlern, Krankheiten und Schädlingen. Ein eigenes Kapitel zeigt zauberhafte Beispiele für das Gestalten von Schalen, Blumenfenstern, Bodengefäßen, Ampeln, Wandgefäßen und Zimmerbrunnen. Auch Einsteiger haben mit diesem Buch die Sicherheit, daß alles problemlos gedeiht.
Viel Freude mit Ihren Hydrokultur-Pflanzen wünschen Ihnen der Autor und die GU Naturbuch-Redaktion.

5 Hydrokultur-ABC
Standort und Kauf

6 Was ist Hydrokultur?
6 Ein wenig Geschichte
6 Zeitgemäße Hydrokultur
8 Das spricht für Hydrokultur
9 Einkaufs-Tips
10 PRAXIS Hydrokultur-Grundausstattung
12 Blähton
12 Körnung
12 Gefäße
15 Ins rechte Licht gerückt
15 Natürliches Licht
15 Lichtmessung
15 Zusatzlicht
16 Temperatur
16 Luft und Luftfeuchtigkeit
18 Vielfalt der Blütenpflanzen
20 Tabelle: Für Hydrokultur geeignete Blüten- und Blattpflanzen
22 Vielfalt der Blattpflanzen
24 Exotische Orchideen
25 Kakteen und Sukkulenten

27 Perfekt gestalten
Ideen, Tips und Tricks

28 Gestaltungs-Grundregeln
28 Mit Farben spielen
28 Mit Formen spielen
28 Pflanzen kombinieren
28 Eine Schale bepflanzen
30 Blumenfenster
33 Große Bodengefäße
33 Pflanzen für dunkle Standorte
34 Zauberhafte Ampeln
34 Hängende Gärten
34 Wandgefäße
34 Schöne Hängepflanzen
36 Zimmerbrunnen
36 Einkreislaufsystem
36 Zweikreislaufsystem

Grünpflanzen in eleganten Gefäßen schmücken diesen Wohnraum.

Standort und Kauf

Hydrokultur-ABC

Üppige Hydrokultur-Pflanzen in formschönen Gefäßen schaffen Atmosphäre im Wohnraum und erfordern wenig Pflege-Aufwand. Damit sie aber ihre ganze Pracht entfalten können, muß der Standort sorgfältig ausgewählt und beim Kauf einiges bedacht werden.

Foto oben: Das Flammende Käthchen ist eine robuste Zimmerpflanze. Sein Farbenspiel reicht über viele Rottöne bis zum Gelb.
Foto links: Diese prächtigen Blüten- und üppigen Blattpflanzen fühlen sich auf dem Fensterbrett wohl und verwandeln es in einen grünen Urwald.

Hydrokultur-ABC

Was ist Hydrokultur?

Der Wortbestandteil »Hydro-« stammt aus dem Griechischen und bedeutet »Wasser«. Der Begriff »Kultur« ist der lateinischen Sprache entnommen und kann mit »Pflege« oder »Züchtung« übersetzt werden. Hydrokultur meint also eine Pflanzenhaltung auf der Basis von Wasser und darin gelösten Nährstoffen. Sie darf aber nicht mit der Kultur von Sumpf- oder Wasserpflanzen verwechselt werden. Bei der Hydrokultur von Zimmerpflanzen wird lediglich die Erde durch ein Tongranulat – auch Blähton genannt – ersetzt. Die Gewächse stehen auch nicht bis zum Sproß im Naß, sondern nur ein Teil der Wurzeln reicht bis unter die Wasseroberfläche. Die Hydrokultur ist also alles andere als eine unnatürliche Art, Pflanzen zu ziehen, sie entspricht im Grunde genommen der Lebensweise der Pflanzen in der Vorzeit: Als diese vor Jahrmillionen entstanden, dienten ihnen lediglich Lavagestein und nährstoffreiches Wasser als Existenzgrundlage. Erst durch Verwitterung des Gesteins und Zersetzung abgestorbener Pflanzenteile bildete sich langsam Erde, die schließlich auch von den Gewächsen durchwurzelt wurde. Wenn wir heute Pflanzen auf Hydrokultur umstellen, führen wir sie also wieder in ein Milieu zurück, in dem sich ihre Vorfahren einst entwickelten.

Ein wenig Geschichte

Alle Pflanzen benötigen für ein gutes Gedeihen die sogenannten Wachstumsfaktoren Wasser, Nährstoffe, Licht, Luft und Wärme. Bereits im Jahre 1865 erkannte der Chemiker Justus von Liebig, daß Pflanzen ihre Nährstoffe, also Stickstoff, Phosphor, Kali, Kalk und verschiedene Spuren-Elemente, ausschließlich aus dem Wasser und nicht – wie bis dahin angenommen – aus der Erde beziehen. Er wies nach, daß Erde den Pflanzen lediglich als »Stützkorsett« und Speicher für die Nährstoffe dient. Folglich gab es bei der Kultur in Nährlösungen ein Problem: Sobald die Gewächse eine gewisse Größe erreicht hatten, fielen sie um, weil ihre Wurzeln keinen Halt hatten. Erst in den 60er Jahren unseres Jahrhunderts wurde entdeckt, daß Blähton den Hydrokultur-Pflanzen als ideales Stützkorsett dienen kann: Zwischen den Kügelchen finden die Wurzeln festen Halt. Das poröse Granulat sorgt auch dafür, daß die feinen Wurzelhaare Luft, Wasser und darin gelöste Nährstoffe in einem ausgewogenen Verhältnis aufnehmen können.

Zeitgemäße Hydrokultur

Inzwischen gibt es geschmackvolle und gut durchdachte Hydrokultur-Gefäße mit praktischem Zubehör zu kaufen. Meist werden Zimmerpflanzen in einem Topf-in-Topf-System gezogen, das aus einem sogenannten Kulturtopf und einem wasserdichten Übertopf besteht (→ Praxis Hydrokultur-Grundausstattung, Seite 10/11). Ein eingebauter Wasserstandsanzeiger hilft, den Pegel der Nährlösung im idealen Bereich zu halten. Dieses kleine Röhrchen ist zusammen mit den Tonkügelchen heute das Erkennungszeichen für Pflanzen, die in Hydrokultur gezogen werden. Auch Hydrokultur-Systeme ohne Wasserstandsanzeiger wurden entwikkelt, konnten sich aber weniger durchsetzen. Für Balkon und Terrasse wird ein Misch-System aus Erd- und Hydrokultur angeboten: Die Pflanzen werden mit Erdballen in ein Tongranulat gesetzt. Die dazugehörigen Gefäße haben einen großen Wasserspeicher mit Wasserstandsanzeiger, so daß auch im Freien weniger häufig gegossen werden muß.

Eine üppige, in Hydrokultur gezogene Palme ziert diesen Schlafraum.

Das spricht für Hydrokultur

Viele träumen davon, ihre Wohnung mit prächtigen Topfpflanzen zu schmücken, scheuen aber den damit verbundenen Pflegeaufwand. Hier bietet die Hydrokultur eine echte Alternative:

Einfache Handhabung. Selbst Anfänger können bei der Pflege von Hydrokultur-Pflanzen kaum etwas falsch machen. Sie müssen weniger tun und erfahren genau, wann dies zu geschehen hat.

• Am Wasserstandsanzeiger ist der Zeitpunkt für das nächste Gießen einfach abzulesen. Bei in Erde kultivierten Pflanzen ist das richtige Gießen weitaus schwieriger.

• Da die in Hydrokultur gezogenen Pflanzen über einen Wasservorrat im Topf verfügen, muß seltener gegossen werden.

• Eine Merkskala am Wasserstandsanzeiger erinnert Sie auch daran, wann neuer Dünger zugeführt werden muß. Wenn Sie Langzeitdünger verwenden, verringert sich dazu der Dünge-Aufwand beträchtlich.

Besseres Gedeihen. Die in Hydrokultur gezogenen Pflanzen entwickeln sich aus folgenden Gründen prächtig:

• Eine Verdichtung des Substrates wie bei Erdkultur und die damit verbundenen Probleme gibt es hier nicht, da die Tonkügelchen ihre Form und Struktur beibehalten.

• Das poröse Tongranulat sorgt auch für ein gesundes Pflanzenwachstum, indem es den Wurzeln sowohl Luft als auch Wasser in einem ausgewogenen Verhältnis zuführt.

• Sie haben kaum Probleme mit Wurzelkrankheiten, weil keine Erde verwendet wird und dadurch keine darin lebenden Bodenschädlinge auftreten können.

Sauberkeit und Hygiene. Das Tongranulat ist auch in diesem Punkt der Erde überlegen.

• Es ist geruchslos und sauber. Selbst beim Umtopfen entsteht kaum Schmutz.

• Der gefährliche Tetanus-Erreger, vor dem Sie sich beim Arbeiten in Erde in acht nehmen müssen, kann sich im Blähton nicht entwickeln.

• Ebenso verhält es sich mit dem Aspergillus-Pilz, der besonders für Personen mit Bronchitis und Asthma lebensbedrohlich werden könnte. So können Hydrokultur-Pflanzen im Gegensatz zu in Erde gezogenen auch uneingeschränkt in Krankenhäusern eingesetzt werden.

Verringerung von Luftschadstoffen. In Wohn- und Arbeitsräumen kann die Luft durch Tabakrauch, Ausdünstungen aus Baumaterialien, Möbeln, Bodenbelägen und Geräten belastet sein. Inzwischen ist es wissenschaftlich erwiesen, daß Pflanzen als biologische Schadstoff-Filter wirken. Sie können über die sogenannten Spaltöffnungen der Blätter Luftschadstoffe aufnehmen. Eine nicht unbedeutende Rolle bei der Reinigung der Luft spielen aber auch die Wurzeln: Gifte wie Nikotin, Formaldehyd, Benzole und Phenole werden durch Mikroorganismen im Wurzelbereich auf biologische Weise abgebaut. Nach heutigen Erkenntnissen eignen sich in Hydrokultur gezogene Pflanzen deshalb besonders gut zur Absorbierung von diesen Schadstoffen, weil über das poröse Tongranulat die Luft rascher und leichter als durch Erde an die Wurzeln gelangen kann.

Erhöhung der Luftfeuchtigkeit. Eine zu niedrige Luftfeuchtigkeit ist häufig die Ursache für Unwohlsein beim Menschen. In trockenen Räumen treten dazu bisweilen sogenannte elektrostatische Aufladungen auf. Sie erhalten dann beim Berühren der Türklinke oder eines Gerätes einen unangenehmen Stromschlag. Eine größere Gruppe von Hydrokultur-Pflanzen kann die Luftfeuchtigkeit in einem Raum bereits merklich erhöhen und dadurch auch die elektrostatischen Aufladungen reduzieren. So schaffen gerade Hydrokultur-Pflanzen eine Atmosphäre, in der das Wohlbefinden und

Hydrokulturpflanzen steigern auch im Büro das Wohlbefinden.

die Leistungsbereitschaft steigt. Nicht zuletzt deswegen zieren sie auch häufig Büro-Räume.

Einkaufs-Tips

Hydrokulturpflanzen, Gefäße und Zubehör werden heute in allen großen Fachgeschäften angeboten. Informieren Sie sich vor dem Kauf über Gefäße und Zubehör (→ Praxis Hydrokultur-Grundausstattung, Seite 10), sowie die Ansprüche der Pflanzen (→ Tabelle, Seite 20/21). Tätigen Sie Ihre Einkäufe in einem möglichst guten Geschäft, Sie erkennen es an folgenden Merkmalen:

- Die Raumtemperatur darf nicht unter 17 °C liegen, es sollte ausreichend Licht vorhanden sein und kein Durchzug herrschen.
- Die angebotenen Pflanzen müssen frei von Krankheiten und Schädlingen sein.
- Sie dürfen keine gelben oder braunen Blätter haben, das ist ein Hinweis auf mangelnde Pflanzenpflege.
- Das Personal sollte Auskunft erteilen können über alle Ihre Fragen.

Praxis: Hydrokultur-Grundausstattung

Kernstücke des Hydrokultursystems sind der Kulturtopf, der Wasserstandsanzeiger, das Tongranulat, das wasserdichte Hydrokultur-Gefäß und die Nährstoffversorgung.

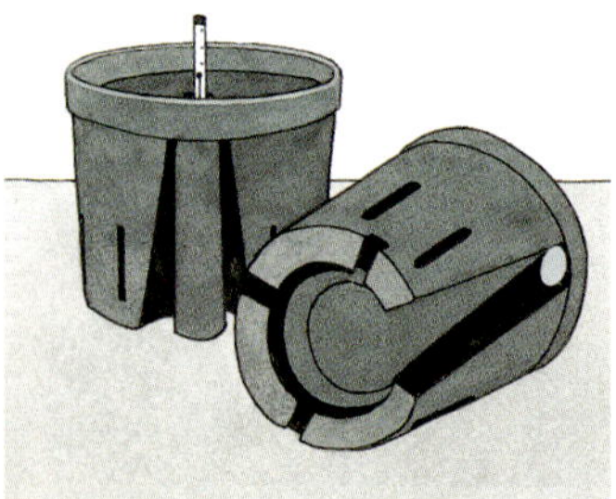

1 Kulturtöpfe gibt es in über 20 verschiedenen Größen und auch für Jungpflanzen.

Kulturtopf

Zeichnung 1

Der Kulturtopf nimmt die Pflanzenwurzeln und das Tongranulat auf und bietet ideale Voraussetzungen für ein gutes Wachstum. Im unteren Bereich des Kunststofftopfes befinden sich Schlitze, durch die die Wurzeln in das Hydrogefäß hinauswachsen können.

Bei Anzuchttöpfen für Jungpflanzen sind die Seitenwände stärker durchbrochen. Alle Töpfe besitzen an einer Seite eine Aussparung für den Wasserstandsanzeiger. Auf der Unterseite des Topfes befindet sich eine Mulde, in die eine Nährstoffbatterie eingesetzt werden kann (→ Zeichnung 3). Der Boden ist auf der Innenseite mit einer Einklipmöglichkeit versehen. Hier können Sie einen Haltestab für Kletterpflanzen befestigen.
Der Kulturtopf wird in etwa 20 verschiedenen Größen angeboten, passend für die vielfältigsten Pflanzen und Arrangements.

Nährstoffversorgung

Zeichnungen 2 und 3

Auf dem Markt finden Sie eine ganze Palette an Düngern. Wenn Sie Ihre Pflanzen in kürzeren Abständen düngen möchten, können Sie einen für Hydrokultur geeigneten Flüssigdünger verwenden, der dem Gießwasser beigemischt wird. Dünger in Tablettenform eignet sich besonders für weiches Gießwasser (→ Düngen, Seite 42).
Eine Tablette wird auf den Boden des Hydrogefäßes gelegt und versorgt die Pflanze für etwa 6 Wochen mit Nährstoffen.
Gleich über mehrere Monate können Sie Ihre Pflanzen mit Hydrokultur-Langzeitdünger bei Kräften halten. Er wird für weiches und hartes Gießwasser angeboten. Die Nährstoffe sind in kleinen, wasserunlöslichen Kunstharzkügelchen eingeschlossen und gelangen durch sogenannten Ionenaustausch in die Nährlösung (→ Düngen, Seite 42). Der Langzeitdünger ist in feuchter oder in rieselfähiger Form erhältlich. Diese wird entweder über das Tongranulat gestreut und mit dem Gießwasser eingespült oder in eine sogenannte Nährstoffbatterie gefüllt und in

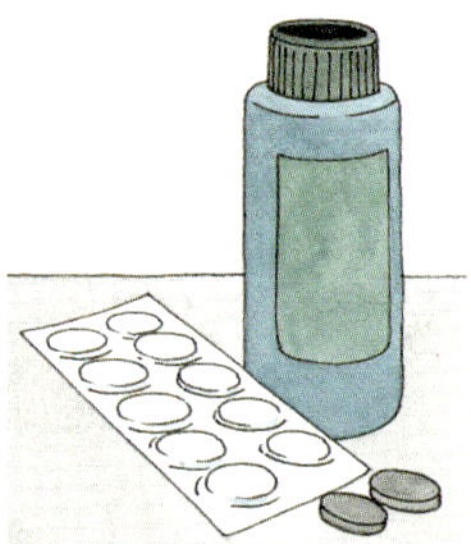

2 Flüssigdünger und Tabletten für die Nährstoffversorgung.

3 Nährstoffbatterie für Hydrokultur-Langzeitdünger.

die passende Aussparung unter dem Kulturtopf gedrückt (→ Zeichnung 3).

Wasserstandsanzeiger

Zeichnung 4

Er besteht aus einer Hülse mit durchsichtigem Oberteil und undurchsichtigem Unterteil. Im Unterteil befinden sich Schlitze, durch die Wasser zum sogenannten Schwimmer ins Innere dringt. Dieser hebt und senkt sich mit dem Wasserstand. Auf dem Schwimmer sitzt ein Kunststoffstäbchen mit Signalkopf. Je nach Wasserstand zeigt er auf die Marken »Minimum«, »Optimum«

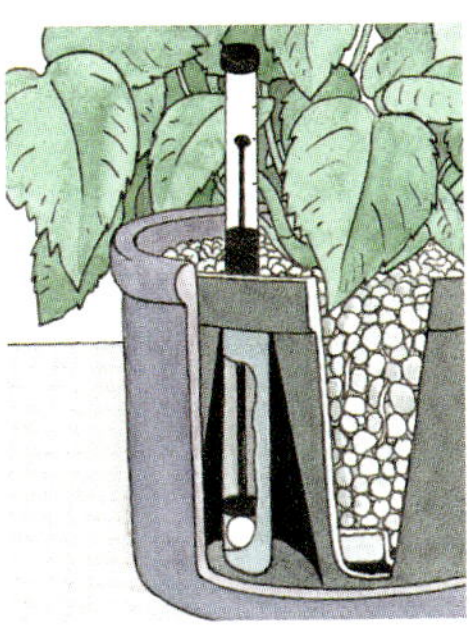

4 Wasserstandsanzeiger erleichtern das richtige Gießen.

oder »Maximum«. An der Spitze des Wasserstandsanzeigers ist zusätzlich ein roter Drehknopf mit einer Merkskala angebracht, die an das nächste Düngen erinnert.
Auf jedem Wasserstandsanzeiger ist deutlich sichtbar aufgedruckt, zu welchem Kulturtopf er paßt. Kombinieren Sie ihn immer nur mit den zugehörigen Gefäßgrößen. Der Wasserstandsanzeiger wird von unten nach oben in die Aussparung des Topfes geschoben. Dadurch wird auch gewährleistet, daß der Wasserstandsanzeiger genau senkrecht steht, denn nur so kann er richtig funktionieren.
Hinweis: Wurzeln, Pflanzenteile oder Dünger- und Granulat-Krümel können den Schwimmer verklemmen. Sie erkennen das daran, daß der Anzeiger lange stillsteht. Klopfen Sie dann mit dem Finger dagegen. Hilft dies nicht, so nehmen Sie ihn heraus. Spülen Sie die Schlitze am unteren Ende unter fließendem Wasser kräftig durch. Wechseln Sie ihn aus, wenn er dann immer noch nicht funktioniert. Reinigen Sie ihn am besten vorsorglich ein- bis zweimal im Jahr.

5 Topf-in-Topf-System für Hydrokultur.

Fertiges Topf-in-Topf-System

Zeichnung 5

Der Kulturtopf mit Pflanze und Wasserstandsanzeiger kommt in einen wasserdichten Übertopf, meist Hydrogefäß genannt. Damit Ihre Hydrokultur ein Erfolg wird, sollten Sie nur genau zusammenpassende Gefäße verwenden. Der Übertopf darf nicht zu eng sitzen, damit die Wurzeln ausreichend Platz haben und ein genügendes Wasser-Reservoir gebildet werden kann. Auf Hydrogefäß und Wasserstandsanzeiger ist aufgedruckt, zu welchem Kulturtopf sie gehören. Wählen Sie auch das passende Tongranulat, es wird in drei verschiedenen Körnungsgrößen angeboten (→ Körnung, Seite 12).

Blähton

Dieses Tongranulat ist ein reines Naturprodukt, ein im Spezialverfahren aufgeblähter und gebrannter Ton. Dank ihrer verschiedenen Vorzüge sind die braunroten Kügelchen heute ein wesentlicher Bestandteil der Hydrokultur:

- Tongranulat ist porös, es kann Wasser speichern und die Nährlösung aus dem Wasserreservoir nach oben in den Hauptwachstumsbereich der Wurzeln leiten.
- Es sorgt aber auch für eine gute Wurzelbelüftung. Dadurch werden Schäden und Fäulnis verhindert.
- Es ist frei von Krankheitserregern wie Bakterien, Pilzen, Bodenschädlingen, und enthält auch keine Unkrautsamen.
- Blähton wiegt relativ wenig: Die Wurzeln können sich leicht zwischen den Kügelchen ausbreiten, sich aber auch ausreichend gut darin verankern, um den Sproß in aufrechter Stellung zu halten.
- Im Gegensatz zu Erde verdichtet Tongranulat selbst nach jahrelangem Gießen nicht. Dadurch bietet es den Wurzeln auf Dauer ein ideales Verhältnis zwischen Nährlösung und Sauerstoff.
- Tongranulat ist geruchlos und sauber, selbst beim Umtopfen entsteht kaum Schmutz.
- Es ist einfach unter fließendem Wasser zu reinigen und kann über mehrere Jahre verwendet werden.
- Tongranulat ist dazu ein natürliches und umweltfreundliches Produkt. Sie können es über den Kompost oder als Biomüll entsorgen.

Wichtig: Tongranulat, das als Baustoff Verwendung findet, ist für die Hydrokultur nicht geeignet, weil es zu viele Schadstoffe wie wasserlösliche Salze enthält. Beim Kauf sollte also darauf geachtet werden, daß der Blähton speziell für die Hydrokultur hergestellt wurde.

Körnung

Tongranulat gibt es in verschiedenen Größen, vom Fachmann Körnung genannt. Je feiner die Körnung, desto höher sind die kapillaren (wasserführenden) Eigenschaften: In den sogenannten Kapillaren (Haarröhrchen) wird durch die Kapillarkraft Wasser entgegen der Schwerkraft festgehalten. Je enger die Kapillaren sind, umso höher steigt die Flüssigkeit.
Korngröße 2–4 mm. Dieses feine Granulat wird für die Pflanzenaufzucht benötigt, also für Aussaaten, zum Einsetzen von Stecklingen und Pikieren von Jungpflanzen. Bitte halten Sie den Pegel im Wasserreservoir niedrig, um Staunässe zu vermeiden.
Korngröße 4–8 mm. Dieses Granulat eignet sich für die Aufzucht von größeren Jungpflanzen und die Füllung kleinerer Blumenschalen. Das Tongranulat kann für Kulturtöpfe bis 9 cm Höhe verwendet werden.
Korngröße 8–16 mm. Dieses Granulat bietet den Wurzeln langfristig das beste Luft-Wasserverhältnis. Dieser Blähton wird eingesetzt bei Kulturtöpfen, die höher als 9 cm sind sowie bei allen Großgefäßen.
Andere Granulate wie Blähschiefer, Bimsstein und Eifellava mit der Korngröße 4–8 mm sowie Islandbruch sind für die Hydrokultur kaum von Bedeutung.
Schmucksteine. Sie sind nicht porös und dienen nur der Zierde. Mit weißem Carrara-Kies oder bunten Deko-Steinen können Sie Ihr Pflanzen-Arrangement passend zum Übertopf dekorieren und den Blähton kaschieren.

Gefäße

Für die Hydrokultur sollten möglichst nur die im Handel angebotenen Gefäße (Übertöpfe) verwendet werden, denn sie sind auf die verschiedenen Kulturtopfgrößen abgestimmt (→ PRAXIS Hydrokultur-Grundausstattung, Seite 10/11). Zudem werden Keramik-

Granulate und Gefäße

töpfe für diese Art der Pflanzenhaltung so gebrannt, daß sie garantiert wasserdicht sind und keine pflanzenschädlichen Substanzen absondern.
Hydrokulturgefäße. Sie sind heute für jede Pflanzengröße und passend zu jedem Einrichtungsstil erhältlich. Sie werden aus Kunststoff, Keramik, Steinzeug, Metall und mit Verkleidungen aus Holz oder Naturstein angeboten. Es gibt Gefäße für den Tisch (kleine Töpfe und Schalen), den Boden (Großgefäße), sowie für die Wand und zum Aufhängen (Ampeln), und das jeweils in unterschiedlichsten Größen und Farben.
Andere Gefäße. Wollen Sie ein nicht eigens für die Hydrokultur hergestelltes Gefäß verwenden, müssen Sie darauf achten, daß es absolut wasserdicht ist. Solche aus Metall, Holz oder auch Körbe sollten Sie vor Gebrauch mit einer starken und dichten Folie ausschlagen. Das verhindert gleichzeitig, daß pflanzenschädliche Stoffe aus der Innenwand in die Nährlösung gelangen.
Vielleicht haben Sie jedoch ein Gefäß, das Ihnen ans Herz gewachsen, für einen Hydrokultur-Übertopf aber ungeeignet ist? Wenn Sie ein fertiges Topf-in-Topf-System passender Größe hineinstellen (PRAXIS Hydrokultur-Grundausstattung, Seite 10/11), können Sie es ohne Bedenken – und auch ohne Folien-Einlage – verwenden.
Mein Tip: Neu auf den Markt gekommen sind durchsichtige Hydrokultur-Gefäße aus Acryl-Glas. In sie wird ein wasserdichtes kleines Einsatzgefäß gestellt, das den Kulturtopf mit Pflanze aufnimmt. In die Zwischenräume kommen dekorative Steine, auch das Einsatzgefäß wird damit verdeckt. Wasser befindet sich nur im Einsatzgefäß, dadurch wird verhindert, daß sich – begünstigt durch den Lichteinfall – auf dem Glas oder den Schmucksteinen Algen bilden könnten. Solche Gefäße aus Acryl-Glas passen besonders gut in modern eingerichtete Räume.

Formschöne Gefäße, arrangiert mit geschmackvollem Beiwerk.

Zimmerpflanzen brauchen einen ausreichend hellen Standort. In dieser eleganten Schale buhlen zahlreiche Gewächse um das verfügbare Licht. Da die niedrigeren Pflanzen von den höheren zusätzlich beschattet werden, wurden für die Unterpflanzung besonders genügsame Arten gewählt.

Ins rechte Licht gesetzt

Um prächtig zu gedeihen, benötigen Pflanzen Wasser, Nährstoffe, Licht, Luft und Wärme. Sie kümmern oder gehen ein, wenn einer dieser Wachstumsfaktoren zuviel oder zuwenig angeboten wird (→ Gießen, Seite 40 und Düngen, Seite 42). Die Lichtenergie wird vom grünen Farbstoff der Blätter, dem Chlorophyll, aufgenommen. Mit ihrer Hilfe bildet die Pflanze aus dem Kohlendioxyd der Luft und Wasser sogenannte Kohlenhydrate (Photosynthese), die sie für ihre Ernährung braucht. Zimmerpflanzen haben unterschiedliche Lichtansprüche.
Mein Tip: Als Faustregel gilt, daß buntlaubige Pflanzen viel Licht benötigen, dagegen Pflanzen mit grünen Blättern mit weniger Helligkeit auskommen, denn sie haben mehr Chlorophyll. Pflanzen, die zu dunkel stehen, »vergeilen«, bilden also lange dünne Triebe, weil sie versuchen zum Licht hinzuwachsen.
Einen Überblick über die Lichtansprüche der für Hydrokultur geeigneten Pflanzenarten finden Sie in der Tabelle auf den Seiten 20/21.
Direktes Sonnenlicht auf der Fensterbank verkraften nur die wenigsten Hydrokultur-Pflanzen. Bei Sommerhitze können sogar starke Verbrennungen auftreten. Hier muß zur Mittagszeit schattiert werden, etwa mit Hilfe einer Jalousie oder einfach einer Zeitung.

Natürliches Licht

Die Lichtintensität in der freien Natur erreicht bei uns im Sommer in der Mittagszeit etwa 100 000 Lux (Maß für die Helligkeit) bei prallem Sonnenschein. Dieses entspricht einem Luxwert von etwa 10 000 zur gleichen Zeit im Schatten. An einem trüben, bedeckten Spätherbst-Tag kann die Lichtintensität nur knapp 3 000 Lux betragen. Dabei ist in Räumen zu berücksichtigen, daß lediglich etwa 10 Prozent davon auf die Fensterbank gelangen. Zwei Meter vom Fenster entfernt ist nur noch etwa 1/4 der Lichtintensität vorhanden. In der Raummitte bleiben selbst an sonnigen Tagen selten mehr als 300 Lux über.

Lichtmessung

Die Lichtstärke am Pflanzenstandort läßt sich mit einem Lichtmesser ermitteln, den Sie im Fachgeschäft kaufen können. Für die genaue Bestimmung des Wertes sollte das Licht am Pflanzenstandort in der lichtärmeren Jahreszeit und bei indirekter Beleuchtung gemessen werden. So läßt sich genau feststellen, welche Lichtstärke wirklich am Pflanzenstandort herrscht.

Zusatzlicht

Reicht das natürliche Licht nicht aus, empfiehlt sich der Kauf einer Pflanzenleuchte. Hierbei sollte darauf geachtet werden, daß sie folgenden Ansprüchen gerecht wird:
- Das Lichtspektrum für die Pflanze muß stimmen, die Lampe soll also blaues Licht im Wellenbereich von 436 Nanometern und rotes Licht im Wellenbereich von 630 Nanometern abstrahlen (beide Bereiche sind wichtig für die Chlorophyll- und Photosynthese, sorgen für gute Wurzelbildung sowie gesundes Wachstum).
- Die Leuchte sollte mit einem Innenreflektor ausgestattet sein, damit das Licht ausschließlich auf die Pflanze abgestrahlt wird.
- Empfehlenswert sind sogenannte Quecksilberdampf-Hochdrucklampen (HQL). Sie benötigen wenig Energie und haben eine lange Lebensdauer.

Hinweis: Bedenken Sie bei der Installation, daß der Mindestabstand zur Pflanze 40 cm beträgt. Bei Standorten unter 300 Lux sollte die Pflanzenleuchte 8 bis 10 Stunden täglich brennen.

Temperatur

Wärme. Sie ist für alle Pflanzen, besonders aber für tropische und subtropische, ausschlaggebend für deren Wachstum. Die meisten Pflanzen lieben Temperaturen zwischen 18° C und 22° C. (Die Ansprüche der einzelnen Arten finden Sie in den Tabellen auf Seite 20/21.)
Es schadet nicht, wenn die Zimmertemperatur in der Nacht auf etwa 16° C zurückgeht oder in Ausnahmefällen im Sommer einmal 30° C übersteigt. Eine Reihe von Kakteen, Sukkulenten und die meisten mediterranen Pflanzen vertragen im Winter sogar Temperaturen von weniger als 10° C. In solchen Fällen muß allerdings für genügend Licht gesorgt werden (→ Seite 15).
Hitzeschäden. Zuviel Wärme führt bei Pflanzen zu ganz schwerwiegenden Schäden. Schon ab 60° C platzen die Pflanzenzellen mit der Folge, daß sich die Blätter in kürzester Zeit schwarz-braun verfärben (→ Pflegefehler, Seite 57). Die Blätter fallen ab und die Pflanze geht ein.
Diese Schäden treten beispielsweise auf, wenn Pflanzen nach dem Kauf zu lange im überhitzten Auto bleiben oder nach dem Transport sofort an das sonnige, heiße Südfenster gestellt werden. Bei direkter Sonneneinstrahlung durch die Fensterscheibe kann es zum sogenannten Brennglas-Effekt kommen, der Löcher im Blattgewebe hinterläßt.
Richtiger Standort. Ost- und Westfenster sind für die Pflanzenhaltung weitaus geeigneter. Am Südfenster ist sie im Sommer nur dann erfolgreich, wenn die Möglichkeit besteht, über die Mittagszeit die Pflanzen durch Rolläden oder Jalousien zu schattieren.
Kälteschäden. Aber auch zuwenig Wärme bekommt den Pflanzen nicht. Manche reagieren schon auf kalte Zugluft mit Blattfall. Stellen Sie in der kalten Jahreszeit Ihre Pflanzen während des Lüftens weg von der Fensterbank, sie könnten sonst einen Kälteschock bekommen. Überprüfen Sie im Winter mit einem Thermometer die Temperatur der Nährlösung, sie sollte möglichst nicht unter 15° C fallen – aber auch nicht über 26° C steigen. Auf Fensterbänken oder Böden aus Stein bekommen Ihre Pflanzen gerne »kalte Füße«. Meist hilft es, wenn Sie die Gefäße auf Filz-Plättchen, Rollen oder Styropor-Platten stellen. Auch kleine, thermostatgesteuerte Heizmatten für Blumentöpfe sind im Handel erhältlich. Denken Sie daran, daß auch das Gießwasser (→ Gießen, Seite 40) nicht zu kalt sein darf.

Luft und Luftfeuchtigkeit

Luft. Pflanzen brauchen Kohlendioxyd und Sauerstoff aus der Luft für ihre Stoffwechselvorgänge. In regelmäßig gelüfteten Räumen fühlen sich Ihre Zimmerpflanzen deswegen am wohlsten.
Relative Luftfeuchtigkeit. Sie gibt an, wieviel Wasser die Luft enthält im Verhältnis zur vollen Sättigung (100 Prozent) bei gleicher Temperatur. Eine Luftfeuchtigkeit von etwa 60 Prozent ist die Grundvoraussetzung für den Erfolg bei der Pflege und Züchtung von Orchideen, Farnen, Palmen, Ananas, Bromeliengewächsen, und anderen tropischen Pflanzen mit großen, weichen Blättern. In beheizten Räumen oder an heißen Sommertagen sollten diese Gewächse mit einem Wasserzerstäuber übersprüht werden.
Eine relative Luftfeuchte von 50 bis 70 Prozent ist durch einen ausgewogenen Wechsel von Heizen und Lüften leicht zu erreichen. Größere Hydrokultur-Gefäße können dazu die relative Luftfeuchte im Raum um etwa 10 Prozent steigern.
- Zu trockene Luft: Sinkt der Wert unter 50 Prozent ab, so ist die Luft für fast alle Pflanzen erheblich zu trocken. Spinnmilben, Thripse und weiße Fliegen haben dann ein leichtes Spiel (→ Schädlinge Seite 56). Weichlaubige Pflanzen

Hyrokultur-Pflanzen verwandeln Wohnräume in grüne Oasen.

wellen ihre Blätter nach unten, schließlich werden sie gelb und werfen die Blätter ab, die Triebspitzen verkümmern. Lediglich Kakteen und Sukkulenten kommen mit derartig trokkener Luft aus.

• Zu feuchte Luft: Eine Luftfeuchtigkeit von 70 bis 80 Prozent und darüber begünstigt den Befall mit Pilzen und fördert die Schimmelbildung. Dadurch wird der Stoffwechsel der Pflanzen reduziert, es kommt zu einer Unterversorgung mit Nährstoffen, und sie beginnen zu kümmern. Räume mit zu hoher Luftfeuchtigkeit sind allerdings selten, meist läßt sich das Problem durch Lüften beheben.

Leuchtende Hibiskusblüte.

Leuchtende Goldtrompete.

Vielfalt geeigneter Blütenpflanzen

In Hydrokultur gedeiht eine Vielzahl von attraktiven blühenden Gewächsen. Fast für jeden Standort findet sich eine geeignete Blütenpflanze, vom schmalen Fensterbrett bis zur geräumigen Wohnhalle. Das Angebot wird auch noch zunehmen, denn findige Gärtner sind gerade eifrig dabei, weitere attraktive Gewächse auf den Markt zu bringen.

Kaskaden von Rachenreben-Blüten.

Blütenpflanzen

Usambaraveilchen gibt es in großer Farbenvielfalt.

Für jeden Geschmack und passend zu jeder Wohnungseinrichtung findet sich inzwischen ein geeignetes blühendes Gewächs. Hier können Sie mit Farben und Formen spielen. Elegant wirkt das weißblühende Einblatt, exotisch die gelbe Goldtrompete, verspielt das Usambaraveilchen. Ampelpflanzen wie die Rachenrebe können ein ganzes Feuerwerk an Blüten entfalten.

Elegantes Einblatt.

Dankbares Flammendes Käthchen.

Wehrhafter Christusdorn.

Blütenpflanzen für Hydrokultur					
Name	Blütenfarbe	Licht-bedarf	Wasser-bedarf	Mindest-temp. in °C	Bemerkungen
Acalypha- Arten Katzenschwanz	rot, weiß	○	mittel	16	aufrecht und hängend wachsende Arten
Achimenes-Hybriden Schiefteller	rosa, violett, blau, weiß, gelb	○	mittel	16	blühen sehr reich von Juli bis September
Anthurium- Scherzerianum-Hybriden, Flamingoblume	rot	○	mittel	16	blühen das ganze Jahr über
Begonia-Elatior-Hybriden Begonie	rot, rosa, orange, gelb	○	mittel	16	blühen das ganze Jahr über
Citrus aurantiifolia Calamondin-Bäumchen	weiß	○	mittel	8	Blüten duftend, eßbare Früchte
Columnea microphylla Rachenrebe	rot, orange	○	mittel	12	prachtvolle Ampelpflanze
Euphorbia milii ☠ Christusdorn	rot, rosa, gelb, weiß	○	mittel	8	blüht von Oktober bis März
Gardenia jasminoides Gutsherrenblume	cremeweiß	◐	mittel	12	stark duftende Blüten, diese nicht besprühen
Hippeastrum-Hybriden Amaryllis	rot, rosa, orange, weiß	●	gering	8	nach der Blüte Ruhezeit geben
Impatiens-Hybriden Fleißiges Lieschen	rot, rosa, orange, weiß	○	hoch	12	lange Triebe ab und zu stutzen
Kakteen-Arten Kakteen	rosa, rot, weiß orange, gelb	○	gering	8	im Winter kürzere Zeit trocken stehen lassen
Kalanchoe blossfeldiana Flammendes Käthchen	rot, rosa, orange, gelb, violett	◐	mittel	12	braucht Kurztage zur Blütenbildung
Medinilla magnifica Medinille	rosa	○	mittel	16	verträgt Standort-wechsel schlecht
Orchideen-Arten Orchideen	weiß, rot, rosa, gelb, lila, braun	◐	gering	16	für hohe Luftfeuchtig-keit sorgen
Saintpaulia ionantha Usambaraveilchen	weiß, rosa, rot, violett, blau	◐	gering	16	Verblühtes ausbrechen, auf Mehltau achten
Spathiphyllum-Arten Einblatt	weiß	●	mittel	16	eine der besten Hydropflanzen

Blattpflanzen für Hydrokultur					
Name	Blattfarbe	Licht-bedarf	Wasser-bedarf	Mindest-temp. in °C	Bemerkungen
Aglaonema-Arten Kolbenfaden	weißgrün gefleckt	●	mittel	16	gut zum Unterpflanzen geeignet
Asparagus setaceus Zierspargel	hell- bis dunkelgrün	◐	mittel	12	im Winter weniger gießen
Beaucarnea recurvata Elefantenfuß	graugrün	◐	mittel	8	verdickter, borkiger Stamm
Bromelien-Gewächse Epiphyten-Pflanzen	grün, grau, auch gestreift	◐	gering	16	regelmäßig Wasser in Trichter gießen
Chamaedorea elegans Bergpalme	frischgrün	●	mittel	8	beliebte, schlank wachsende Art

Pflanzen für Hydrokultur

Name	Blattfarbe	Lichtbedarf	Wasserbedarf	Mindesttemp. in °C	Bemerkungen
Chrysalidocarpus lutescens Arecapalme	gelblich-grün	◐	mittel	12	schlanke, schnellwachsende Art
Cissus-Arten Zimmerwein	glänzend grün	◐	mittel	16	gute Kletter- und Ampelpflanzen
Codiaeum variegatum Kroton	grün, gelb, orange, rot	◐	mittel	16	große Pflanzen vertragen Rückschnitt
Dieffenbachia-Hybriden ☠ Dieffenbachie	weiß-grün gefleckt	◐	mittel	12	dekorative Einzelpflanze
Dracaena deremensis Drachenbaum	blaugrün mit weißem Saum	◐	mittel	12	verträgt kein Blattglanzspray
Dracaena marginata Drachenlilie	grün, 'Tricolor' rosa-creme-grün	◐	mittel	12	elegante Blattwedel, schmalblättrig
Epipremnum pinnatum Efeutute	grün-gold gemustert	●	mittel	12	anspruchslose Rankpflanze
Ficus benjamina Birkenfeige	grün	◐	mittel	12	wirft im Winter untere Blätter ab
Ficus benjamina 'Golden King' Bunte Birkenfeige	grün-gold gemustert	◐	mittel	12	dekorative Einzelpflanze
Ficus binnendijkii Schmalblättrige Birkenfeige	grün	●	mittel	12	bizarrer Wuchs, ziemlich robust
Ficus pumila Kletterfeige	grün, weiß-grün	◐	mittel	12	klettert mit Hilfe von Haftwurzeln
Hedera helix ☠ Zimmerefeu	grün, weiß-grün, gelb-grün	●	mittel	8	selbstklimmende, schöne Ampelpflanze
Howeia forsteriana Kentia-Palme	dunkelgrün	●	mittel	12	pflegeleichte Solitärpflanze
Hoya carnosa Wachsblume	grün, gelbgrün gemustert	◐	mittel	12	Schlingstrauch, selten mit weißen Blüten
Livistona rotundifolia Schirmpalme	glänzend grün	◐	mittel	12	robuste, langsamwachsende Palme
Monstera deliciosa Fensterblatt	glänzend dunkelgrün	●	mittel	12	anspruchslos und wuchsfreudig
Nephrolepis exaltata Schwertfarn	lichtgrün	◐	mittel	12	wunderschöne Ampelpflanze
Peperomia-Arten Zwergpfeffer	dunkelgrün, gelb-grün	◐	mittel	12	gut kombinierbar mit anderen Pflanzen
Philodendron-Arten Baumfreund	glänzend grün	●	mittel	16	auch kletternde Arten im Handel
Phoenix roebelenii Zwergdattelpalme	hellgrün	◐	mittel	8	elegant und buschig wachsend
Schefflera actinophylla Strahlenaralie	glänzend grün	●	mittel	12	dekorative Einzelpflanze
Schefflera arboricola Kleinblättrige Strahlenaralie	grün, gelbgrün gemustert	◐	mittel	12	schnellwachsende Hauptpflanze
Yucca elephantipes Palmlilie	dunkelgrün	◐	gering bis mittel	8	im Sommer im Freien am schattigen Standort
☠ = Giftpflanze	Symbole für Lichtbedarf:	○ = über 1000 Lux ● = 500 Lux		◐ = 800 Lux	

Wüchsiger Kletterficus.

Vielfalt üppiger Blattpflanzen

Sehr groß ist die Auswahl der Grünpflanzen, die in Hydrokultur gut gedeihen. Darunter befinden sich auch ausgesprochen genügsame Gewächse, die an Licht und Temperatur nur geringe Ansprüche stellen. Viele Arten und Sorten ranken oder klettern und eignen sich dadurch sehr gut als Ampelpflanzen.

Elegante Palme in sachlichem Gefäß.

Üppige Blattpflanzen

Arrangement von filigranen Farnen.

Eigenwillige Strahlenaralie.

Anmutiger Drachenbaum.

Leuchtender Kroton.

Bei den Blattpflanzen werden Sie oft die Qual der Wahl haben, bis Sie sich für die »richtigen« Gewächse entscheiden können. Allein die Vielzahl oft bizarrer Blattformen ist faszinierend. Aber auch auf Farbe brauchen Sie bei dieser Gruppe nicht zu verzichten, wie bereits bei der kleinen Auswahl links zu sehen ist: Auffallend bunte Blätter gleichen den Mangel an Blüten spielend aus. Reichhaltig ist dazu das Angebot an hohen Zimmerbäumen und Palmen, mit denen Sie vor allem große Wohnräume wirkungsvoll gestalten können.

Exotische Orchideen

Orchideenblüten sind von vollendeter Schönheit, erstaunlich langlebig, und verbreiten oft einen betörenden Duft. Mehr als 80 Prozent der tropischen Orchideen gedeihen an ihren natürlichen Standorten sowieso ohne Erde: Sie leben als Epiphyten auf Bäumen. Entsprechend leicht lassen sich Orchideen auch in Blähton kultivieren.

Pflege. Orchideen lieben eine hohe Luftfeuchtigkeit und sollten deshalb regelmäßig besprüht werden. Frauenschuh und Zahnzunge brauchen im Winter eine Ruhezeit bei Temperaturen um 15° C und niedrigem Wasserstand.

Frauenschuh

Der Frauenschuh *(Paphiopedilum*-Arten) kommt aus dem tropischen Asien. Inzwischen gibt es viele Hybriden (Kreuzungen), die der Pflanzenliebhaber schon aus Artenschutzgründen bevorzugen sollte. Außerdem sind diese Züchtungen robuster und gedeihen auch in beheizten Räumen.

Blüte. Jede Blattrosette bringt nur einen Blütentrieb hervor. Die Farbpalette erstreckt sich von Weiß über Gelb, Grün oder Braun bis Purpur. Es gibt auch gestreifte, gefleckte oder getigerte Blüten.

Gestreifter Frauenschuh.

Gefleckte Zahnzunge.

Schimmernde Malayenblume.

Zahnzunge

Die Zahnzunge *(Odontoglossum*-Arten und -Hybriden) gedeiht im tropischen Amerika in 1500 bis 3000 m Höhe. Viele Arten sind deshalb als Zimmerpflanze nicht einfach zu halten. Es gibt aber eine Reihe von Hybriden, die mit den Bedingungen auf der Fensterbank gut zurecht kommen.

Blüte. Der Name kommt von den eigenartigen Blüten her, die oft am Grund zahnartige Fortsätze besitzen. Die Blüten erscheinen gefleckt oder getigert in Gelb mit Braun, Weiß mit Rosa oder Rot.

Mein Tip: Wählen Sie für die Zahnzunge einen erhöhten Standort, damit die überhängenden Blüten gut zur Geltung kommen. Sie können die Blütenstände aber auch an Stäben aufbinden.

Malayenblume

Die Malayenblume *(Phalaenopsis*-Arten und Hybriden) hat ihre Heimat in Java und Indonesien. Ideal für den Anfänger sind die robusten Hybriden, die es ganzjährig warm haben wollen, auf keinem Fall aber in der prallen Sonne stehen dürfen.

Blüte. Es gibt ein großes und farbenprächtiges Sortiment in Weiß, Gelb, Rosa, Rot, Violett, Braun oder Grün, sowie viele mehrfarbige Kreuzungen.

Kakteen

Die Heimat dieser dornigen Gesellen reicht von Kanada über Mexiko bis Patagonien. Die typische Gestalt erhielten sie durch Anpassung an sehr trockene Standorte: Um die Verdunstungsfläche gering zu halten, entwickelten sie die Kugel- oder Säulenform, wandelten Blätter zu Dornen um, und legten sich eine dicke Haut mit einer schützenden Wachsschicht zu. Die robusten Kakteen sind ideal für das Fensterbrett im zentralgeheizten Wohnzimmer, weil sie nur geringe Ansprüche an die Luftfeuchtigkeit stellen. Empfindlich reagieren sie bei zuviel Nässe. Deswegen muß bei deren Hydrokultur folgendes beachtet werden:
Pflege. Halten Sie während der Wachstumsperiode den Wasserstand niedrig. Füllen Sie ihn nie über »Optimal« auf und lassen Sie ihn dann absinken bis »Minimal«. Warten Sie mit dem nächsten Gießen noch mindestens 3 Tage. Während der winterlichen Ruhezeit sollte der Blähton nur wenig feucht gehalten werden.

Kugelkakteen

Echinofossulocactus. Das Markenzeichen dieser Gattung sind die welligen Rippen, daher wird sie auch Lamellenkaktus

Echinofossulocactus bustmantei.

Parodia chrysacanthion.

Schlumbergera-Hybride.

genannt. Sie bildet kräftige, oft gebogene Dornen aus. Die Arten blühen im zeitigen Frühjahr in Weiß, Gelb oder Blauviolett mit dunkleren Mittelstreifen.
Parodia. Die Vertreter dieser Gattung sind relativ zierlich mit kugeligen bis zylindrischen Körpern. Sie blühen je nach Art im Frühjahr oder Sommer in gelben, orangen oder roten Tönen.

Blattkakteen

Zu ihnen zählt der bekannte Weihnachtskaktus *(Schlumbergera*-Hybriden). Er schätzt einen hellen bis halbschattigen Standort und blüht von Dezember bis Januar in Weiß, Gelb, Rosa, Rot oder Violett.

Andere Sukkulenten

Neben den Kakteen zählen weitere Pflanzenfamilien zu den Sukkulenten, also den Gewächsen, die dickfleischige Sprosse ausbilden. Bereits gut in Hydrokultur bewährt hat sich der Christusdorn *(Euphorbia milii),* der zu den Wolfsmilchgewächsen gehört. (Achtung: Alle Teile dieser Pflanze sind giftig!) Von ihm sind weiß-, rosa- und rotblühende Hybriden im Handel.

Ideen, Tips und Tricks

Perfekt gestalten

Sie können Ihre eigenen vier Wände ganz nach Ihren Wünschen und Träumen mit Hydrokultur-Pflanzen begrünen. Auf den folgenden Seiten finden Sie eine Vielzahl von gestalterischen Möglichkeiten – von der kleinen Schale bis hin zur individuell entworfenen Pflanzen-Oase.

Foto oben: Eine pfiffige Kombination von filigranen Blättern des Schwertfarns mit einem farblich schön abgesetzten Gefäß.
Foto links: Naturfarbene schlichte Gefäße harmonieren hier sehr schön mit den eigenwilligen Pflanzen-Charakteren von Kakteen, Sukkulenten und Bromelien.

Gestaltungs-Grundregeln

Damit Ihr Arrangement von Hydrokultur-Pflanzen wirklich gut wirkt, sollten Sie bei der Gestaltung folgendes bedenken:
• Große Pflanzen kommen alleinstehend oder als dominierende Leitpflanze in einer Gruppe am besten zur Geltung. Verwenden Sie in sehr kleinen Räumen höchstens eine große Pflanze, damit das Zimmer nicht überladen wirkt.
• Kleinere Pflanzen sehen in Gruppen gesetzt schöner aus.
• Die grafischen Konturen von Palmwedeln, Farnen oder Yucca-Schöpfen werden durch Gegenlicht von Fenstern besonders gut hervorgehoben.
• Großlaubige Pflanzen können unruhige Tapetenmuster mildern und bilden einen flächigen Hintergrund für Gewächse mit zarten filigranen Blättern.

Mit Farben spielen

Im Pflanzenreich ist Grün die vorherrschende Farbe, und gerade in Innenräumen tritt seine beruhigende Wirkung besonders in den Vordergrund. Bei Zimmerpflanzen gibt es dank Züchterfleiß ausgesprochen viele Grün-Varianten: Sattgrün, Maigrün, Türkis, Blaugrün, Weißgrün, Silbergrün, Grüngelb, Grünrot, Grünlila…
Blattpflanzen. Von ihnen werden viele Formen mit zwei- oder sogar mehrfarbigen Blättern angeboten. Selbst wenn Sie ein Gefäß nur mit nicht blühenden Pflanzen bestücken, muß es also keine eintönige Angelegenheit werden.
Blütenpflanzen. Mit ihnen haben Sie viele Gestaltungs-Möglichkeiten, so können Sie:
• Mit den Blütenfarben die Farben von Vorhängen, Tapeten oder Bildern wiederholen.
• Kontrapunkte mit Kontrastfarben setzen, zum Beispiel rote Flamingoblumen vor schwarzen Möbeln. Wählen Sie hierbei eine Gefäßfarbe, die zu Pflanzen und Wohnungseinrichtung paßt. Beschränken Sie sich im Zweifelsfalle lieber auf wenige Farben!

Mit Formen spielen

Durch die gezielte Verwendung verschiedener Wuchsformen können Sie ein Pflanzen-Arrangement ebenfalls wirkungsvoll gestalten:
• Übergeneigt wachsende Pflanzen lockern das strenge Bild einer Gruppe von eintriebigen Pflanzen wohltuend auf.
• Reizvolle Kontraste ergeben sich, wenn Sie unterschiedliche Blatt- und Blütenformen wählen. Vermeiden Sie aber auch hier ein Zuviel, das nur unruhig wirken würde.

Pflanzen kombinieren

Wenn Sie selbst ein größeres Gefäß mit unterschiedlichen Hydrokulturpflanzen besetzen wollen, beachten Sie bereits beim Kauf folgendes:
• Die Pflanzen sollten ähnliche Ansprüche an Licht, Temperatur und Wasserversorgung stellen.
• Sie müssen alle in gleich hohen Kulturtöpfen sitzen, für die auch das ins Auge gefaßte Gefäß geeignet sein sollte: Der passende Übertopf muß mindestens gleich hoch, besser aber 1 bis 3 cm höher sein als die Kulturtöpfe.
• Die Größe des Gefäßes sollte zu den Pflanzen und auch zum Raum passen. Ein Schälchen in einem riesigen Zimmer würde kaum zur Wirkung kommen.
Beim Hineinsetzen der Pflanzen sollten Sie folgende Regeln beachten:
• Wählen Sie keine streng symmetrische, sondern eine aufgelockerte Bepflanzung.
• Eine räumliche Tiefenwirkung erreichen Sie, indem Sie nach hinten eine dominierende Leitpflanze setzen. Um diese werden niedrigere Beipflanzen gruppiert.
• Besonders dekorativ sieht es aus, wenn Sie kriechende oder rankende Pflanzen spielerisch über den Gefäßrand hinabwachsen lassen.

Ein Feuerwerk an Farben und Formen entfaltet sich hier.

Eine Schale bepflanzen

Um eine gute Wirkung zu erzielen, sollten Sie solche Schalen mit mindestens 3 bis 4 unterschiedlich hohen Pflanzen bestücken. Solche Arrangements können Sie auf das Fensterbrett oder auch auf ein Möbelstück stellen.

Mein Beispiel: Hier wurde eine blau glasierte Steinzeug-Schale mit 38 cm Durchmesser verwendet. Sie benötigen einen zur Höhe der Schale passenden Wasserstandsanzeiger, Blähton der Körnung 8 bis 16 mm und – je nach Geschmack – noch einen Naturstein zur Dekoration.

Verwendete Pflanzen: Bitte beachten Sie, daß alle Pflanzen in gleich hohen, zur Schale passenden Kulturtöpfen stehen müssen. Die für dieses Beispiel ausgewählten Gewächse schätzen einen hellen Standort. Als hohe Leitpflanze wurde nach rechts hinten eine Fingeraralie *(Dizygotheca elegantissima)* gesetzt. Mit ihrem filigranen dunklen Blattwerk setzt sie einen eleganten Akzent. Das niedrige Usambaraveilchen *(Saintpaulia*-Hybride) bildet mit seiner Blütenfarbe und den rundlichen Blättern einen angenehmen Kontrast. Als gelbgrüner »Blickfänger« wurde auf der linken Seite ein Kroton *(Codiaeum variegatum* 'Gold Sun') gesetzt. Die schlichte Form seiner länglichen Blätter steht in einem angenehmen Gegensatz zu dem Farb-Feuerwerk, das er entfaltet. Beruhigend wirkt die Unterpflanzung mit der Schamblume (*Aeschynanthus*-Art), deren lange Triebe mit den mattgrünen, lanzettlichen Blättern spielerisch über den Rand der Schale hinabranken.

So gehen Sie vor: Wenn Sie Hydrokultur-Langzeitdünger verwenden wollen, streuen Sie eine Portion davon auf den Boden der Schale. Stellen Sie dann die Pflanzen hinein. Sie können sie noch hin- und herschieben, bis Sie mit dem Ergebnis zufrieden sind. Stellen Sie den Wasserstandsanzeiger gut sichtbar in die Schale. Füllen Sie bis zum Rand mit Blähton auf und gießen Sie mit lauwarmem Wasser, bis der Anzeiger auf »Optimum« zeigt.

Blumenfenster

Auch Hydrokultur-Pflanzen geben sich gerne ein Stelldichein auf der Fensterbank. Da meist ein Heizkörper in der Nähe ist, der für trockene Luft sorgt, müssen sie aber regelmäßig übersprüht werden.
Himmelsrichtung. Am besten gedeihen die meisten Gewächse an einem Südostfenster. Auch nach Osten oder Westen gerichtete Fenster eignen sich gut. An sonnigen Südfenstern fühlen sich oft nur Kakteen und Sukkulenten wohl. Wenn Sie allerdings mit einer Jalousie oder Markise schattieren können, gedeihen dort auch empfindlichere Gewächse. Für Nordfenster oder solche, die durch Gebäude und Bäume viel Schatten bekommen, eignen sich Pflanzen mit geringen Lichtansprüchen (→ Tabelle, Seite 20/21). Sie können solche Fenster aber auch mit Zusatzlicht ausstatten und dort anspruchsvollere Gewächse ziehen.
Pflanzwannen. Manches Blumenfenster hat eine eingebaute Pflanzwanne. Achten Sie darauf, daß diese gut gegen Kälte von außen isoliert ist. Gerade Hydrokultur-Pflanzen würden sonst schnell »kalte Füße« bekommen. Ist die Wanne zu hoch für die Kulturtöpfe, verlegen Sie deren Boden einfach nach oben: Verteilen Sie auf ihm gleichmäßig Granulat, bis die verbleibende Höhe zum Beispiel für 22 cm hohe Töpfe paßt. Kleiden Sie die Wanne dann noch mit einem ausreichend großen Stück wasserdichter Folie aus und stellen Sie die Kulturtöpfe sowie einen passenden Wasserstandsanzeiger hinein. Füllen Sie dann mit Blähton bis zum Rand auf und gießen Sie mit lauwarmem Wasser, bis der Wasserstandsanzeiger auf »Optimal« steht. Schneiden Sie erst jetzt die überstehenden Ränder der Folie ab.
Mein Tip: Auch gute Folie altert im Laufe der Zeit. Denken Sie daran, daß sie nach einigen Jahren ausgetauscht werden sollte. Sie können aber auch auf Folie verzichten, wenn Sie in die Wanne auf die Blähton-Schicht ein großes, passendes, wasserdichtes Hydrokultur-Gefäß setzen.
Fensterbrett. Heute haben die meisten Fenster ein mehr oder weniger breites Fensterbrett. Für sehr schmale Bretter können Sie ein breiteres Auflege-Gestell basteln, das zum Beispiel mit zwei Füßen auf dem Heizkörper ruht.
Hinweis: Wählen Sie die Durchmesser der Hydrokultur-Gefäße nicht zu groß, denn stark über das Fensterbrett hinausragende Schalen können kippen und stellen dadurch nicht nur für Kinder und Haustiere eine Gefahr dar. Auch hohe Pflanzen in kleinen Töpfen fallen leicht um. Sorgen Sie unbedingt für eine ausreichende Standfestigkeit des Gefäßes und befestigen Sie im Zweifelsfalle noch den Haupttrieb mit einer Schnur am Fensterrahmen oder der Mauer.
Mein Beispiel. Hier wurden sehr unterschiedliche Gefäße gewählt, aber alle im gleichen zurückhaltenden Farbton. Auch Fensterrahmen und Vorhänge sind in Weiß gehalten. Im Hintergrund steht ein schmaler rechteckiger Kasten aus hochwertigem Kunststoff. Das Arrangement wird aufgelockert durch zwei Keramikschalen und drei Töpfe von unterschiedlichen Höhen und Durchmessern. Während die Schalen mit ihren kleinwüchsigen, filigranen Pflanzen einen sehr lebendigen Vordergrund bilden, bringen die am Rand postierten Einzelpflanzen Ruhe in das Ensemble.
Verwendete Pflanzen. Im rechteckigen Gefäß gedeihen von links nach rechts: Ein Zierspargel *(Asparagus setaceus)* mit sehr zarten Wedeln, ein Erdstern *(Cryptanthus bivittatus)* mit rosa-gestreiften Blättern, eine Malayenblume *(Phalaenopsis*-Hybride) mit zartrosa Blüten, sowie ein Kroton *(Codiaeum variegatum* 'Aucubafolia Stamm') mit interessanten gelb-gepunkteten Blättern.
Im linken Topf wachsen Vertreter einer vielgestaltigen Fa-

Bunte Pflanzenvielfalt in einheitlich gefärbten Gefäßen.

milie: Eine Birkenfeige *(Ficus benjamina)* und eine zierliche Kletterfeige *(Ficus pumila)*.
Die zweite Schale von links ist bestückt mit einer weißbunten Birkenfeige *(Ficus benjamina* 'Starlight'), gelb-gesprenkeltem Kroton *(Codiaeum variegatum* 'Gold Sun') und einem rosa-blühenden Flammenden Käthchen *(Kalanchoe*-Hybride).

In den Topf rechts hinten wurde eine Fingeraralie *(Dizygotheca elegantissima)* mit ihren eigenwilligen Blattwedeln gesetzt. Im Töpfchen davor wächst ein rosarotes Usambara-Veilchen *(Saintpaulia*-Hybride).
Den Platz in der rechten Schale teilen sich: Eine Drachenlilie *(Dracaena deremensis* 'Warneckii') mit weißen Blatträndern, nochmals ein rosa-weiß-grüner Erdstern *(Cryptanthus bivittatus)* und eine weißbunte Kletterfeige *(Ficus pumila* 'Sonny').
Beim Bepflanzen von Kasten und Schalen gehen Sie wie auf Seite 29 beschrieben vor.
Das Topfen von Einzelpflanzen wird auf Seite 51 erläutert.

Ein großvolumiges Gefäß aus blau glasiertem Steinzeug, bepflanzt mit markanten Gewächsen: Die hochstämmige Birkenfeige (Ficus benjamina 'De Gantel') mit panaschierten Blättern dominiert in diesem Arrangement. Über den Topfrand hängend wächst die Kletterfeige (Ficus pumila). Einen eigenwilligen Akzent setzen die zweifarbigen Blätter der Purpurtute (Syngonium podophyllum).

Große Bodengefäße

Gerade mit Hilfe von großen Pflanzen-Arrangements können Sie in Wohnräumen auffallende Akzente setzen. Es sind Hydrokultur-Gefäße mit einer Pflanztiefe zwischen 20 und 25 cm im Handel. Fertig bestückt haben sie oft ein beachtliches Gewicht und werden deswegen am besten auf den Boden gestellt.

Nützliches Zubehör:

• Für viele Bodengefäße werden leicht montierbare Rollen oder Gleiter angeboten, die Sie vor dem Bepflanzen an der Gefäßunterseite befestigen sollten.

• Für große Schalen sind geschmackvolle Untergestelle im Handel.

• Zum Wasserstandsanzeiger ist ein Absaugschacht erhältlich. Mit Hilfe einer Handpumpe können Sie über diesen Schacht bequem die Nährlösung austauschen (→ Pflege von Bodengefäßen, Seite 54).

• Wenn Sie keinen Absaugschacht verwenden, sollten Sie zu dem hier nötigen hohen Wasserstandsanzeiger eine Standrosette erwerben, damit er nicht versehentlich kippen kann. Er würde dann nicht mehr richtig funktionieren.

• Zu den Kulturtöpfen gibt es passende Austausch-Manschetten, sie erleichtern das Herausnehmen: Als »Platzhalter« verhindern sie, daß Blähton in die Lücke nachrutscht.

Mein Beispiel. Hier sehen Sie ein blau glasiertes Gefäß aus Steinzeug. Sie benötigen außerdem einen ausreichend hohen Wasserstandsanzeiger und Blähton der Korngröße 8 bis 16 mm.

Verwendete Pflanzen. Den Ton in diesem Arrangement gibt der weißbunte Birkenfeigen-Hochstamm *(Ficus benjamina)* an. Sein Fuß wird rechts umspielt von den aparten Blättern der Purpurtute *(Syngonium podophyllum)*. Bis auf den Teppichboden hinab wuchert die Kletterfeige *(Ficus pumila)*.

Alternativen: Bei dunkleren Standorten können Sie Ihr Bodengefäß bepflanzen mit dem Drachenbaum *(Dracaena fragrans* 'Janet Craig' oder 'Compacta'), dem Fensterblatt *(Monstera deliciosa)*, dem Kletter-Philodendron *(Philodendron scandens)*, oder dem Kolbenfaden *(Aglaonema*-Arten).

So gehen Sie vor: Beachten Sie, daß alle Pflanzen in gleich hohen Kulturtöpfen sitzen müssen. Es wird meist eine Höhe von 19 cm verwendet.

• Bei Großgefäßen ist es am praktischsten, wenn Sie Hydrokultur-Langzeitdünger verwenden (→ Düngen, Seite 42). Streuen Sie die nach der Gebrauchsanleitung errechnete Menge vor dem Bepflanzen auf den Boden des Übertopfes.

• Stellen Sie die für das Gefäß ausgewählten Pflanzen mit ihren Kulturtöpfen hinein. Sie können die Töpfe noch leicht verrutschen, bis Sie mit dem Arrangement zufrieden sind.

• Plazieren Sie den Wasserstandsanzeiger so, daß Sie ihn ohne Mühe ablesen können.

• Füllen Sie den Blähton auf und klopfen Sie dabei mehrmals an die Gefäßwand, damit sich das Granulat auch gut verteilt und keine »Höhlen« entstehen können.

• Gießen Sie nun mit lauwarmem Wasser gleichmäßig über den Blähton, bis der Wasserstandsanzeiger auf »Optimal« steht.

• Kontrollieren Sie den Wasserstand bereits am nächsten Tag und ersetzen Sie das in der Zwischenzeit vom Granulat aufgesaugte Wasser.

• Denken Sie daran, daß gerade aus großen Gefäßen bei trockener Raumluft viel Wasser verdunsten kann. Kontrollieren Sie daher regelmäßig den Wasserstand.

Mein Tip: Sie können sich solche Bodengefäße auch fix und fertig bepflanzt ins Haus liefern lassen. Selbst ein spezieller Pflege-Service wird in manchen Städten angeboten.

Zauberhafte Ampeln

Pflanzen in Ampeln brauchen nicht viel Platz, sind aber sehr dekorativ. Bisher wurden sie viel zu wenig zur Raumdekoration eingesetzt. Die Hauptgründe waren wohl das unbequeme Gießen und die durch überschüssiges Wasser hierbei entstehenden Flecken auf Böden und Wänden. Hydrokultur-Pflanzen müssen aber viel weniger gegossen werden und die Gefäße laufen auch nicht über. Dazu gab es lange Zeit nur eine kleine Auswahl an Gefäßen, die nicht jedem Geschmack und Einrichtungsstil entsprach. Das hat sich inzwischen gründlich geändert, es gibt eine Vielzahl an Ampeln, die fertig zum Aufhängen erhältlich sind.
Mein Beispiel. Hier wurden zwei Terrakotta-Gefäße gewählt, die durch ihre schlichte Farbe und pfiffige Form bestechen. Sie harmonieren besonders gut mit Wohnungseinrichtungen, in denen natürliche Materialien vorherrschen. Die Ampeln sind 19 cm hoch und haben einen Durchmesser von 11 cm.
Verwendete Pflanzen. Ein Gefäß wurde mit Schwertfarn *(Nephrolepis exaltata)* bepflanzt (→ Pflanze in Granulat topfen, Seite 51), der sowohl am Fenster als auch noch in Bereichen mit weniger Licht gedeiht. Pralles Sonnenlicht mag er allerdings nicht. Aus der zweiten Ampel wuchert die weißbunte Kletterfeige *(Ficus pumila* 'Sonny'). Sie liebt einen hellen, aber nicht sonnigen Standort.

Hängende Gärten

Am schönsten wirken Ampeln in Gruppen von 2 bis 4 Stück. Kombinieren Sie bei den Gefäßen nicht zu viele unterschiedliche Formen, Größen, Farben und Materialien, das würde ungünstig wirken. Gut harmonieren Ampeln aus der gleichen Gefäß-Serie, die oft in verschiedenen Größen und Farben erhältlich sind.
Mein Tip: Variieren Sie die Kettenlänge, damit die Ampeln in unterschiedlicher Höhe zu hängen kommen. Das wirkt lebendig und gibt dem Raum Tiefe.
Standort. Der ideale Platz für Ampeln ist in der Nähe des Fensters. Achten Sie aber darauf, daß die Gefäße beim Lüften nicht hinderlich sind. Auch dunklere Bereiche im Zimmer können mit Ampeln bestückt werden, wenn bei Bedarf Zusatzlicht (→ Licht, Seite 15) gegeben wird.

Wandgefäße

Mit Pflanzen können Sie ganze Zimmerwände begrünen. Für die meisten Hydrokultur-Gefäße mit 12 bis 16 cm Höhe sind verstellbare Wandhalter erhältlich, die einfach mit Schraube und Dübel an der Wand befestigt werden. Auch hier wirkt eine Gruppe von 2 bis 4 Gefäßen am eindrucksvollsten, die jeweils in verschiedenen Höhen festgeschraubt werden sollten. Wählen Sie die Farbe der Gefäße möglichst einheitlich und bestücken Sie diese mit verschiedenen Pflanzen. Da die Wände meist weniger Licht abbekommen, sollten hierfür Pflanzen ausgesucht werden, die mit diesen Lichtverhältnissen auskommen (→ Tabellen, Seite 20/21). Wenn Sie für Zusatzlicht sorgen, können natürlich auch alle lichtbedürftigeren Arten hier gedeihen.

Schöne Hängepflanzen

Blütenpflanzen. Bewährt hat sich die Rachenrebe *(Columnea*-Hybride 'Stavanger'), die mit ihren feuerroten Blütenkaskaden zu den prachtvollsten Ampelpflanzen zählt. Ähnlich imposant blüht die Schamblume *(Aeschynanthus radicans)*. Aber auch der rot- oder weißblühende Weihnachtskaktus *(Schlumbergera*-Hybride) mit seinem überhängenden Wuchs eignet sich für Ampeln. Lustige rosarote Blütenähren bildet der Katzenschwanz *(Acalypha pendula)*.

Hängende Gärten – Ampeln brauchen wenig Platz und wirken sehr attraktiv.

Grünpflanzen. Neben den bereits aufgeführten Arten eignen sich: Der Efeu *(Hedera helix),* von dem es auch Sorten mit weißbunten Blättern gibt. Die bekannte Grünlilie *(Chlorophytum comosum),* mit ihren grün-weiß gestreiften Blättern, die bogig überhängende Triebe bildet mit kleinen weißen Blüten und vielen Kindeln. Die anspruchslose Efeutute *(Epipremnum pinnatum* 'Aureum'), deren Blätter grün-gold gemustert sind. Der eigenartig geformte Geweihfarn *(Platycerium bifurcatum)* und der unverwüstliche Baumfreund *(Philodendron scandens)* mit seinen herzförmigen, glänzend-grünen Blättern.

Aparter Katzenschwanz.

Zimmerbrunnen

Er besteht aus einer mit Hydrokulturpflanzen bestückten Schale, einem Quellstein und einer elektrisch betriebenen Pumpe. Sie brauchen einen Strom- aber keinen Wasseranschluß in der Nähe. Mit einem Zimmerbrunnen können Sie eine natürliche Klimainsel in Ihrer Wohnung schaffen. Er trägt auch erheblich zu Ihrem Wohlbefinden bei: Das leise Plätschern des Wassers über die Steine wirkt zum einen beruhigend, zum anderen erhöht es die Luftfeuchtigkeit im Raum, was gerade in den Wintermonaten sehr wohltuend ist: Die durch das Heizen zu trokkene Luft steigert nämlich sonst die Anfälligkeit für Erkältungskrankheiten.
Es gibt zwei Arten, solche Brunnen zu betreiben:
Einkreislaufsystem. Bei diesem System werden sowohl die Pflanzen als auch die Umwälz-Pumpe des Quellbrunnens aus einem gemeinsamen Wasservorrat versorgt. Ein solche Zusammenstellung bietet den Vorteil, daß sich malerische Miniatur-Landschaften mit kleinen Seen gestalten lassen. Die Pflanzenpflege ist aber nicht einfach: Die Voraussetzung dafür, daß die Pumpe richtig funktionieren kann, ist nämlich ein Mindestwasserstand im Gefäß. Hydrokulturpflanzen verkraften dies wiederum schlecht. Sie müssen deshalb auf eine ausreichend hohe Granulat-Schicht gesetzt werden, damit die Wurzeln nicht ständig im Wasser stehen und faulen.
Auch verschmutzt das Wasser allmählich, weil es sich mit kleinen, abgestorbenen Pflanzenteilen, feinen Tongranulatstückchen und Nährstoffkörnchen vermischt. Dieses kann leicht zu Funktionsstörungen der Pumpe führen, und gerade durch den ständigen Kontakt mit der Nährlösung ist der Wartungsaufwand verhältnismäßig hoch. Des weiteren führt das mit Nährstoffen angereicherte Wasser verstärkt zu Algenbildung und zu häßlichen Salzablagerungen auf den Steinen.
Zweikreislaufsystem. Es versucht, die Probleme des Einkreislaufsystems auszuschlie-

Brunnen im Einkreislaufsystem.

ßen: So gibt es hier einen separaten Einsatz-Wasserbehälter für die Pumpe. Diese transportiert reines Wasser, das über den Quellstein oder einen anderweitigen Brunnenaufbau fließt. Es läuft zurück in den Behälter und wird von dort erneut umgepumpt. Der Brunnenkreislauf besitzt einen eigenen Wasserstandsanzeiger und kann unabhängig vom übrigen Pflanzenarrangement aufgefüllt und reguliert werden.

Der bepflanzte Teil hat ebenfalls ein eigenes Wasserreservoir, das dem aller anderen Hydrokultur-Arrangements ohne Brunnen-Einsatz entspricht. Hier kann die Nährlösung ganz auf die Bedürfnisse der Gewächse abgestimmt sowie gedüngt und gegossen werden, ohne daß dieses Wasser mit dem des Quellbrunnens in Berührung kommt.

Pflegeleichtes Zweikreislaufsystem.

Mein Tip: Vorsicht ist beim Zweikreislaufsystem in einer Hinsicht geboten: Wenn Pflanzenteile wie Stengel und Blätter in Richtung des Brunnens wachsen. Über diese »Brücke« könnte Brunnenwasser in das Hydrokultur-Gefäß ablaufen. Das würde den Pflanzen auf die Dauer schlecht bekommen und auch die Pumpe könnte kaputtgehen, wenn der Wasserstand in Ihrem Behälter unter eine Mindestgrenze absinkt. (Die Marke des Wasserstandsanzeigers des Pumpenkreislaufs soll nie unter »Minimum« fallen.) Behalten Sie also die Bepflanzung im Auge und schneiden Sie notfalls alle Pflanzenteile ab, die sich gefährlich zum Wasserstrahl neigen.

Pumpenpflege. Um auf Dauer eine gute Förderleistung der Pumpe zu erhalten, empfiehlt es sich, diese hin und wieder nach den Vorgaben in der Gebrauchsanleitung zu reinigen. Die lediglich zusammengesteckten Teile werden einfach auseinandergenommen und unter fließendem Wasser mit einer Bürste gereinigt.

Gießen, düngen und vermehren

Die richtige Pflege

Üppig in Hydrokultur gedeihende Grün- und farbenprächtige Blütenpflanzen sind alles andere als unerreichbare Wunschträume. Wenn Sie die folgenden Tips beherzigen, gerät die richtige Pflege zum Kinderspiel, die Sie mit Sicherheit beherrschen werden.

Foto oben: Der Schiefteller blüht in intensiven Farbtönen.
Foto links: Mit dem passenden Zubehör wird die richtige Pflege von Hydrokultur-Pflanzen noch einfacher.

Richtig Gießen ohne Mühe

Viele Erdpflanzen gehen deshalb ein, weil sie übermäßig oder aber zu wenig gegossen werden. Es ist bei ihnen auch nicht einfach, zu beurteilen, wieviel Wasser sie denn nun wirklich benötigen. Der Wasserbedarf einer Pflanze hängt nämlich ab von der Art, der Pflanzen- und Gefäßgröße, der Raumtemperatur, der Luftfeuchtigkeit und nicht zuletzt von den Lichtverhältnissen am Standort.
Bei der Hydrokultur aber ist es relativ leicht, die richtige Menge an benötigtem Wasser herauszufinden, denn am Kulturtopf ist ein Wasserstandsanzeiger befestigt, der äußerst zuverlässig arbeitet und schon kleinste Veränderungen des Wasservorrates genau anzeigt.

Der passende Zeitpunkt

So einfach geht das Gießen bei Hydrokultur:

- In der Regel wird gegossen, wenn der Wasserstandsanzeiger die Markierung »Minimum« erreicht hat. Füllen Sie Wasser nach, bis der Zeiger auf »Optimum« steht.
- Nur in Ausnahmefällen – beispielsweise vor Urlaubsfahrten – kann Wasser bis zur Markierung »Maximum« aufgefüllt werden, dann reicht der Wasservorrat bis zu etwa 20 Tagen.
- In der Regel sollte der Wasservorrat aber nach etwa 7 Tagen verbraucht sein, damit die Wurzeln sich gesund entwikkeln können.

Wichtig: Achten Sie unbedingt darauf, daß Sie nach dem Gießen – egal, ob bis »Optimum« oder bis »Maximum« – den Wasserstand konsequent wieder absinken lassen, denn Hydrokultur-Pflanzen sind keine Wasserpflanzen, deren Wurzeln ständig im Wasser stehen könnten. Um Fäulnis zu verhindern, ist es notwendig, daß die Pflanzenwurzeln ausreichend mit Luft versorgt werden.
Beachten Sie auch die unterschiedlichen Wasser-Bedürfnisse der Arten:

- Orchideen, Kakteen und Sukkulenten (→ Seite 24/25) benötigen wenig Wasser. Bei ihnen können noch 2 bis 3 Tage bis zum Gießen verstreichen, auch wenn der Wasserstandsanzeiger schon auf »Minimum« steht. Auch dann ist in der Regel noch knapp 1 cm Wasser im Gefäß vorhanden.
- Pflanzen wie Hibiscus, Ficus- oder Philodendron-Arten und große Hydrokultur-Gefäße dagegen verbrauchen besonders an heißen Tagen viel Wasser. Bei diesen sollte sorgfältig auf den Wasserstand geachtet werden.
- Einige Arten (→ Tabelle, Seite 20/21) benötigen im Herbst oder Winter eine Ruhezeit, während der der Wasserpegel in der Nähe von »Minimum« gehalten werden sollte.

Wassertemperatur

Es empfiehlt sich, Hydrokultur-Pflanzen mit lauwarmem Leitungswasser zu gießen. Ideal wäre eine Temperatur zwischen 22 und 26° C. Gegen »kalte Füße« sind Hydrokultur-Pflanzen, die mit ihren äußersten Wurzelspitzen im Wasser stehen, nämlich leider besonders empfindlich.

Wasserhärte

Der Härtegrad des Wassers wird gemessen in Grad deutscher Härte (° dH) und gibt Auskunft über den Kalkgehalt des Wassers: Je höher dieser Wert, desto kalkhaltiger ist es. Den Härtegrad Ihres Leitungswassers erfahren Sie beim Wasserwerk. Es werden in Deutschland folgende Bereiche unterschieden:

- 1 für weiches Wasser bis 7 ° dH
- 2 für mittelhartes Wasser von 7 bis 14 ° dH
- 3 für hartes Wasser von 14 bis 21 ° dH
- 4 für sehr hartes Wasser bei über 21 ° dH

Für Hydrokultur-Pflanzen brauchen Sie selbst hartes Wasser nicht zu entkalken.

Eleganter Kontrast von Farben und Formen.

Sie müssen aber unbedingt einen für den Härtegrad Ihres Wassers geeigneten Dünger verwenden (→ Düngen, Seite 42).

Säuregrad des Wassers

Der sogenannte pH-Wert des Wassers gibt Auskunft über dessen Säuregrad. Die Skala reicht von 0 bis 14. Unter 7 ist das Wasser sauer, bei 7 neutral und darüber alkalisch. Je niedriger der pH-Wert, desto kalkärmer ist auch das Wasser. Für die meisten Hydrokultur-Pflanzen ist ein pH-Wert zwischen 5,5 und 6,5 optimal. Bei zu weichem oder hartem Wasser kann es zu Problemen mit der Aufnahme von verschiedenen Nährstoffen kommen (→ Düngen, Seite 42).

Mein Tip: Wenn Sie für Hydrokultur geeignete Granulate und Gefäße sowie einen für den Härtegrad Ihres Wassers passenden Dünger verwenden, gibt es in der Regel keine Probleme mit dem pH-Wert der Nährlösung. Mit einem sogenannten Indikatorpapier läßt sich der pH-Wert einfach bestimmen. Bei einem ungünstigen pH-Wert tauschen Sie am besten die gesamte Nährlösung aus (→ Nährlösung austauschen, Seite 54) und düngen dann genau nach Vorschrift.

Sprühen

Besonders Pflanzen, die eine hohe Luftfeuchtigkeit lieben, sind für gelegentliche Duschen aus dem Zerstäuber dankbar. Sprühen Sie aber nie direkt in die Blüten, da diese sonst frühzeitig abblühen würden. Die kleinen Tropfen können bei Sonnenlicht außerdem wie Brenngläser wirken. Sprühen Sie also nicht bei prallem Sonnenschein auf die Blätter, sonst droht Sonnenbrand. Nur wenige Pflanzen mögen es nicht, wenn sie direkt besprüht werden. Zu ihnen gehören das Usambaraveilchen *(Saintpaulia*-Hybriden) und die meisten Kakteen und Sukkulenten.

Die richtige Pflanzenernährung

Eine gute und ausgewogene Versorgung mit Nährstoffen läßt Pflanzen prächtig gedeihen und macht sie widerstandsfähig gegen Krankheiten und Schädlinge. Bei den Pflanzennährstoffen werden zwei Gruppen unterschieden:
Die Hauptnährstoffe benötigt jede Pflanze in größeren Mengen. Zu ihnen zählen Stickstoff (N), Phosphor (P) und Kali (K).
Die Spurenelemente sind für ein Gedeihen ebenfalls wichtig, werden aber nur in winzigen Mengen gebraucht. Zu ihnen zählen Mangan und Bor.

Dünger-Arten

Bei der Hydrokultur wird der Dünger dem Wasser zugeführt. Das ergibt die Nährlösung, aus der sich die Wurzeln mit Nährstoffen versorgen. Da die Nährstoffaufnahme von der Härte des Wassers abhängt, werden viele Dünger in Zusammenstellungen für weiches oder hartes Wasser angeboten. Den Härtegrad Ihres Wassers können Sie beim Wasserwerk erfragen (→ Gießen, Seite 40). Besonders für Hydrokultur empfehlen sich folgende Dünger-Arten:
Dünger-Tabletten mit Calcium eignen sich für weiches Leitungswasser unter 11° dH (→ Wasserhärte, Seite 40). Sie werden einfach auf den Gefäßboden gelegt. Dazu müssen Sie den Kulturtopf herausnehmen. Weiches Wasser enthält wenig Calcium, deshalb entsteht schnell Calciummangel bei Pflanzen. Dieser bewirkt, daß sowohl die Triebspitzen als auch die Wurzeln der Pflanzen absterben. Calciumzufuhr ist bei weichem Wasser also für die Pflanze lebensnotwendig. Die Düngertabletten können in der Hauptwachstumszeit bei Bedarf auch ergänzend zum Langzeitdünger auf Ionenaustauscher-Basis eingesetzt werden. Ihre Wirkung hält für etwa 6 Wochen an. Nach Ablauf dieser Frist legen Sie eine neue Tablette auf den Gefäßboden.
Flüssigdünger für Hydrokultur ist ebenfalls im Handel erhältlich. Er ist ideal für Pflanzenfreunde, die etwa jede Woche düngen wollen. Mischen Sie ihn nach Packungsvorschrift dem Gießwasser bei.
Langzeitdünger versorgt Ihre Hydrokultur-Pflanzen für etwa ein Vierteljahr mit Nährstoffen. Dieser Dünger wird in einer leicht austauschbaren Nährstoff-Batterie für Einzelpflanzen angeboten (→ PRAXIS Hydrokultur-Grundausstattung, Seite 10). Er ist aber auch in feuchter From zum Gießen oder in rieselfähiger Form zum Einstreuen erhältlich. Diese Darreichungsform eignet sich besonders für das Verteilen in größeren Gefäßen.
Wichtig: Sie finden Langzeitdünger für hartes oder weiches Wasser im Handel und sollten unbedingt die zu Ihrer Wasserhärte passende Zusammenstellung wählen.
Wirkungsweise des Langzeitdüngers: Die Nährstoffe sind in winzigen, wasserunlöslichen Kunstharzkügelchen eingeschlossen und gelangen durch Ionenaustausch in die Nährlösung: Die Abgabe erfolgt im Austausch gegen im Wasser gelöste Salze und Stoffwechselprodukte der Wurzeln. Nach 3 Monaten muß wieder eine Portion Langzeitdünger zugeführt werden, denn das Nährstoffdepot des alten ist aufgebraucht. Die leeren Kunstharzkügelchen können aber bedenkenlos zwischen dem Blähton liegenbleiben.
Mein Tip: Pflanzen brauchen während der lichtreichen Monate mehr und während der lichtarmen weniger Nährstoffe. Bei Langzeitdünger rufen sich die Pflanzen die Nährstoffe nur nach Bedarf ab, Sie brauchen die Dosierung nicht zu ändern. Flüssigdünger oder Dünger-Tabletten aber sollten Sie von November bis Februar knapper dosieren.

Richtig gedüngt gedeihen Blüten- und Blattpflanzen prächtig.

Hübscher Nachwuchs

Diese Jungpflanzen wurden für die Hydrokultur herangezogen und gedeihen bereits prächtig. Im Uhrzeigersinn finden Sie hier aufgereiht:

***1** Spindelstrauch (Euonymus japonica)* ***2** Fingeraralie (Dizygotheca elegantissima)* ***3** Drachenbaum (Dracaena marginata)* ***4** Drachenbaum (Dracaena sanderiana)* ***5** Purpurtute (Syngonium podophyllum 'Butterfly')* ***6** Kroton (Codiaeum variegatum 'Gold Sun')* ***7** Zierspargel (Asparagus setaceus)* ***8** Zimmerefeu (Hedera helix 'Gold Child')* ***9** Buntblatt (Hypoestes phyllostachya)* ***10** Mini-Usambaraveilchen (Saintpaulia ionantha)* ***11** Birkenfeige (Ficus benjamina 'Starlight')* ***12** Kletterfeige (Ficus pumila 'Dorte')* ***13** Säulenkaktus (Euphorbia triglochidiatus)* ***14** Wolfsmilch (Euphorbia-Lomii-Hybride 'Vulcanus')* ***15** Zimmerefeu (Hedera helix 'Pittsburgh')*

Praxis: Pflanzen selber ziehen

Es macht Spaß und spart Geld, Pflanzen selbst zu vermehren. Diese mit viel Liebe und Geduld herangezogenen Pflanzen sind auch unempfindlicher als gekaufte, denn sie brauchen sich nicht an eine neue Umgebung zu gewöhnen. Die beste Jahreszeit für die Vermehrung ist die Wachstumsperiode der Pflanzen, also die Zeit zwischen März und Oktober.

Die einfachste Vermehrungsart ist die sogenannte vegetative. Hierzu werden mit einem sauberen, scharfen Messer Stecklinge aus einer gesunden »Mutterpflanze« geschnitten. (Sie sollte weder Blüten noch Blütenknospen haben.) Sie werden dann in Tongranulat gesetzt, damit sie sich bewurzeln.

Zu unterscheiden sind dabei folgende Stecklings-Arten:

- Kopfstecklinge. Sie werden wie beispielsweise beim Kroton *(Codiaeum)* aus den Triebspitzen geschnitten und sollten etwa 4 bis 6 Blätter haben (→ Zeichnung 4).
- Teilstecklinge. Dieses sind Stengelstücke ohne Triebspitze, aber mit 1 bis 2 Blättern. Für diese Art der Vermehrung eignen sich zum Beispiel der kleinblättrige Baumfreund *(Philodendron)* oder der Zimmerefeu *(Hedera)*.
- Blattstecklinge. Wie der Name schon sagt, sind dies Einzelblätter mit kurzem Stiel. So vermehren Sie zum Beispiel Gummibäume *(Ficus)*. Bei recht großblättrigen Pflanzen wird das geschnittene Blatt zusätzlich in Rippenrichtung um das Stengelstück gerollt und mit einem Gummiband zusammengehalten, um es vor zuviel Verdunstung zu schützen.

Alle genannten Stecklingsarten bilden gleichermaßen gut Wurzeln, sofern die Stengel nicht zu weich oder zu verholzt sind.

Neben den oben erwähnten Pflanzenarten eignen sich noch besonders gut für die vegetative Vermehrung: Zimmerwein *(Cissus)*, kleine Drazänen *(Dracaena)*, Flammendes Käthchen *(Kalanchoe)*, Strahlenaralie *(Schefflera)*, Efeutute *(Epipremnum)*, Purpurtute *(Syngonium)*, Kolbenfaden *(Aglaonema)*, Spindelstrauch *(Euonymus)* und Dieffenbachie *(Dieffenbachia)*.

1 Tongranulat in Gittertopf einfüllen.

2 Wasserreservoir auffüllen.

3 Anzuchttopf in Hydrogefäß stellen.

4 Schneiden eines Kopfstecklings.

Anzucht-Topf herrichten

Zeichnungen 1 bis 3

Zur Bewurzelung eignen sich je nach Größe des Stecklings Gittertöpfchen von 5 cm Durchmesser und 5 cm Höhe bis 9 cm Durchmesser und 7 cm Höhe. Schütten Sie bis knapp unter den Rand des Topfes feines Tongranulat der Körnung 2 bis 4 mm (→ Zeichnung 1) und befeuchten Sie dieses, indem Sie es kurz überbrausen.
Füllen Sie nun einen Übertopf passender Größe bis zu einem Viertel mit lauwarmem Wasser auf (→ Zeichnung 2) und stellen Sie den Anzuchttopf hinein (→ Zeichnung 3).

5 <u>Stecken</u> des Triebes in Tongranulat.

Steckling schneiden

Zeichnung 4

Kopf- und Teilstecklinge werden mit einem sauberen, scharfen Messer etwa 1 cm unter der Blatt-Ansatzstelle geschnitten, dem sogenannten Blattknoten. Die Stengel sollten noch nicht zu sehr verholzt sein, damit sich leichter Wurzeln bilden. Zu krautige Stengel hingegen neigen zur Fäulnis. Dichte Blattschöpfe wie beim Drachenbaum *(Dracaena)* sollten Sie etwas auslichten, indem Sie einige Blätter abschneiden. Dadurch wird die Verdunstungsfläche des Stecklings geringer. Bei Blattstecklingen lassen Sie nur ein kurzes Stielstück stehen.

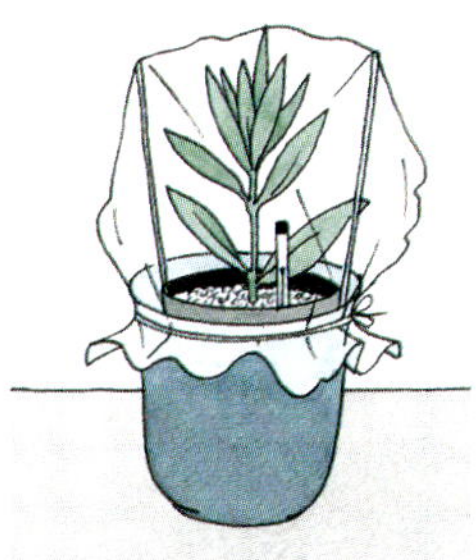

6 <u>Klarsichtfolie</u> überziehen.

Steckling stecken

Zeichnung 5

Stecken Sie nun das Stielende vorsichtig in der Mitte des Gittertopfes etwa 3 bis 4 cm tief in das Granulat. Der Steckling sollte fest sitzen und nicht etwa kippen.

Klarsichtfolie überziehen

Zeichnung 6

Stülpen Sie über den Topf einen durchsichtigen Plastikbeutel, in den Sie ein paar Löcher gebohrt haben. Damit der Beutel nicht in sich zusammensackt, sollten Sie ihn mit zwei Holzstäbchen abstützen, die Sie in das Tongranulat stekken. Der Plastikbeutel verhindert, daß der Steckling zu viel Wasser verdunstet, und läßt ein gewächshausartiges Klima entstehen, das die Bewurzelung fördert. Sobald sich ein neuer Trieb zeigt, kann die Folie entfernt werden. Das Tongranulat sollten Sie immer leicht feucht halten, es darf aber nicht zu Staunässe kommen.

7 <u>Jungpflanze</u> mit kräftiger Wurzel.

Bewurzelter Steckling

Zeichnung 7

Heben Sie nach 4 bis 6 Wochen den Gittertopf hoch. Wenn der Steckling schon Wurzeln gebildet hat, können Sie ihn in einen passenden Kulturtopf setzen (→ Umtopfen, Seite 52/53). Dessen Durchmesser sollte mindestens 2 cm größer sein. Der Anzuchttopf mit dem großmaschigen Gitter muß vor dem Umsetzen nicht entfernt werden.

Schöneres Wachstum durch Zurückschneiden

Viele Pflanzen bekommen erst durch richtiges Stutzen und Beschneiden eine pfiffige Form und ein üppiges Aussehen. Wenn Sie eine Pflanze kaufen, wurde sie meist schon während der Anzucht in Spezial-Gärtnereien durch mehrmaligen Schnitt in die richtige Form gebracht. Auch Sie sollten durch Schneiden etwas dafür tun, daß sie weiterhin gut aussieht.

Hinweis: Alle Palmen-Arten *(Chamaedorea, Chrysalidocarpus, Howeia* und *Phoenix),* Flamingoblume *(Anthurium),* Blattfahne *(Spathiphyllum)* und Bromeliengewächse lassen sich nicht zurückschneiden.

Gut schnittverträgliche Arten. Zu ihnen zählen Feigenbaum *(Ficus),* Strahlenaralie *(Schefflera),* Drachenbaum *(Dracaena),* Kroton *(Codiaeum),* sowie Hänge- und Ampelpflanzen (→ Liste, Seite 34/35). Sogar den meisten Kakteen und Sukkulenten (→ Seite 25) tut ein Schnitt ebenfalls gut.

Zeitpunkt. Das Frühjahr ist die beste Zeit für den Schnitt, denn kurz vor dem Austrieb steckt die Pflanze voller Kraft.

Schnitt und Pflanzenform. Bevor Sie jedoch an die Arbeit gehen, sollten Sie sich im klaren über die Auswirkungen Ihres Tuns sein:

• Es gilt das Gesetz der Spitzenförderung, nach dem stets jene Knospe am kräftigsten austreibt, die an der Spitze eines Triebes steht. Wollen Sie ein buschigeres Wachstum erreichen, muß folglich der Gipfeltrieb – oft mehrmals – zurückgeschnitten werden. Dann bildet die Pflanze über kurz oder lang Seitentriebe.

• Wenn Sie nun auch die Seitentriebe kappen, werden sich diese nach dem Gesetz der Spitzenförderung wieder weiterverzweigen. Es sollten dann aber alle Triebe gleichmäßig beschnitten werden, denn sonst kommt es zu einem »Konkurrenzkampf«, und einzelne Zweige wachsen den anderen davon.

• Achten Sie auch darauf, daß die unteren Äste immer ein wenig länger bleiben als die oberen, damit sich eine harmonische, leicht pyramidenartige Form ergibt.

Wann ist ein Schnitt angebracht? Unbedingt ausgelichtet und gestutzt werden sollten Pflanzen, die zu üppig geworden sind, aber auch solche, die in den lichtarmen Wintermonaten lange dünne Geiltriebe gebildet haben. Selbst kranken oder alten Pflanzen kann ein kräftiger Rückschnitt noch einmal auf die Beine helfen.

So wird geschnitten. Grundsätzlich sollten Sie wie folgt vorgehen:

• Verwenden Sie ein scharfes, fettfreies Messer oder eine Rosenschere.

• Die Triebe werden dicht über einer nach außen wachsenden Knospe abgetrennt, ohne diese zu verletzen.

• Der Schnitt erfolgt am besten schräg zur Längsachse des Triebes, nur bei sehr dünnen Zweigen im rechten Winkel dazu.

• Noch nicht zu stark verholzte Triebe treiben williger neu aus als altes, hartes Holz, das Sie nach Möglichkeit ganz herausnehmen sollten.

• Abgestorbene oder vergilbende Äste werden stets entfernt.

• Machen Sie keinen zu radikalen Schnitt, die Pflanze braucht noch eine ausreichende Anzahl Blätter für ihre Stoffwechselvorgänge.

• Bei manchen Arten tritt an der Schnittstelle sofort Saft aus. Bei solchen stark »blutenden« Pflanzen sollten Sie den Schnitt auf mehrere Tage verteilen. Wenn Sie die Schnittwunden allerdings sofort mit warmem Wasser besprühen, wird der Saftfluß meist rasch gestoppt.

Mein Tip: Die beim Schnitt anfallenden Triebe können Sie selbstverständlich auch als Stecklinge verwenden (→ PRAXIS: Pflanzen selber ziehen, Seite 46/47).

Vor allem Zimmerbäume können durch Schnitt pfiffig in Form gebracht werden.

Praxis: Umstellen auf Hydrokultur

Haben Sie die Vorteile der Hydrokultur erst einmal erkannt, dann werden auch Sie das Bedürfnis verspüren, einige Ihrer Pflanzen auf Hydrokultur umzustellen. Das ist mit einer Vielzahl von Arten möglich, darunter insbesondere: Dieffenbachie *(Dieffenbachia)*, Drachenbaum *(Dracaena)*, Spindelstrauch *(Euonymus)*, Feigenbaum *(Ficus)*, Strahlenaralie *(Schefflera)*, Zwergpfeffer *(Peperomia)*, Bogenhanf *(Sansevieria)*, Kolbenfaden *(Aglaonema)*, Palmlilie *(Yucca)*, Hibiskus *(Hibiscus)*, Baumfreund *(Philodendron)* und Zypergras *(Cyperus)*.
Der beste Zeitpunkt hierfür ist erfahrungsgemäß die Hauptvegetationszeit, also von März bis zum Sommer, die Pflanzen sollten aber nicht gerade blühen.
Problematisch ist die Umstellung von Pflanzen mit stark verzweigten Wurzeln wie Flamingoblumen *(Anthurium)* oder verfilzten Ballen wie Farnen *(Nephrolepis)*, und Begonien *(Begonia)*. Hier sollten Sie besser fertige Hydrokultur-Pflanzen kaufen.

1 Erdpflanze vorsichtig austopfen.

2 Lockere Erde von Hand entfernen.

3 Erdreste sorgfältig ausspülen.

Hinweis: Für eine erfolgreiche Umstellung sollten Sie nur jüngere, gesunde und kräftige Pflanzen verwenden. Und Sie wissen ja: aller Anfang ist schwer – beginnen Sie bei der Umstellung Ihrer Erdpflanzen nicht gerade mit Ihrer Lieblingspflanze!
So gehen Sie vor:

Erdpflanze austopfen
Zeichnung 1

Feuchten Sie den Erdballen zuerst einmal gut an. Nehmen Sie die Pflanze dann mit dem Wurzelballen aus dem Topf. Geht der Ballen nicht heraus, drehen Sie den Topf um und stoßen Sie dessen Rand mehrmals gegen die Kante des Arbeitstisches, bis die Pflanze sich herausziehen läßt.

Erde entfernen
Zeichnung 2

Am besten stellen Sie den Wurzelballen noch für etwa $^1/_2$ Stunde in lauwarmes Wasser, damit er gut durchweicht. Lösen Sie nun vorsichtig von Hand die Erde aus dem Wurzelballen, ohne die Wurzeln allzusehr zu beschädigen. Faule, matschige Bereiche können Sie schon jetzt abschneiden.
Stutzen Sie sehr lange Wurzeln, sie sollten nur etwa $^2/_3$ der Topfhöhe ausfüllen.

Erdreste ausspülen
Zeichnung 3

Spülen Sie dann unter einem lauwarmen Wasserstrahl oder in einem Eimer mit klarem Wasser die letzten Erdreste sorgfältig aus. Es hat sich als vorteilhaft erwiesen, wenn Sie die Pflanze zusätzlich für eine Stunde im

Wasser stehen lassen. **Wichtig:** Achten Sie darauf, daß wirklich alle Erdreste abgelöst werden. Werfen Sie noch einmal einen kritischen Blick auf die Wurzeln: Faule oder versehentlich beschädigte Teile sollten Sie spätestens jetzt entfernen.

Pflanze in Granulat topfen

Zeichnung 4

Richten Sie nun einen Kulturtopf passender Größe her und überbrausen Sie das Tongranulat, das Sie verwenden wollen, mit Wasser. Füllen Sie den Kulturtopf etwa zu einem Viertel mit dem feuchten Blähton. Halten Sie den Wurzelballen hinein, die Pflanze sollte im neuen Topf genauso hoch sitzen wie beim alten. Haben Sie den Ballen in der richtigen Höhe plaziert, halten Sie ihn mit der einen Hand fest und füllen Sie den Topf bis zum Rand mit Tongranulat auf. Stoßen Sie dann den Topf einmal kurz auf dem Tisch auf, damit das Tongranulat sich dicht um die Pflanzenwurzeln legt. Schieben Sie zum Schluß den Wasserstandsanzeiger seitlich in die Haltevorrichtung des Kulturtopfes ein.

4 Granulat in Kulturtopf einfüllen.

Weitere Pflege

Zeichnung 5

Stellen Sie den Kulturtopf in ein passendes Übergefäß und geben Sie der Pflanze einen Platz, der ausreichend hell und warm für Sie ist (→ Tabelle, Seite 20/21). Füllen Sie lauwarmes Wasser auf, bis der Anzeiger auf »Optimum« steht.

Mein Tip: Um der Pflanze die Umstellung zu erleichtern, empfiehlt es sich, ihr einen schützenden Mantel zu geben:

5 Hydrokulturpflanze nach der Umstellung, so kann sie prächtig gedeien.

Dazu stülpen Sie eine durchsichtige Plastiktüte, in die Sie vorher einige kleine Löcher gestochen haben, über die Pflanze (→ PRAXIS: Pflanzen selber ziehen, Seite 47). Unter der Folie wird sich ein gewächshausähnliches Klima bilden, das Ihrer Pflanze gut bekommt. In den folgenden Wochen entwickeln sich Wasserwurzeln und Sie können die Plastiktüte schließlich abnehmen. Auch ein leichter Rückschnitt, etwa bei Hibiskus *(Hibiscus)*, kann die Umstellung erleichtern.

Ältere Erdwurzeln sterben während der Umstellung häufig ab. Nehmen Sie deswegen den Kulturtopf mitsamt der Pflanze nach 3 bis 4 Wochen heraus und spülen Sie den Wurzelballen samt Granulat mit einem lauwarmem Wasserstrahl kräftig durch. Ab diesem Zeitpunkt sollten Sie auch mit dem Düngen (→ Seite 42) beginnen. Wenn Sie sich an die Pflegehinweise für Hydrokultur-Pflanzen halten, werden Sie dann noch lange Freude an den selbst umgestellten Pflanzen haben.

Regelmäßige Kontrolle

Schenken Sie Ihren Zimmerpflanzen hin und wieder einen liebevollen Blick. Dabei sollten Sie natürlich auch prüfen, ob:

- gegossen werden muß (→ Gießen, Seite 40/41).
- der Wasserstandsanzeiger auch ordentlich funktioniert (→ PRAXIS Hydrokultur-Grundausstattung, Seite 10/11).
- nachgedüngt werden muß (→ Düngen, Seite 42).
- die Pflanze frei ist von tierischen Schädlingen (→ Schädlinge, Seite 56).
- sie unter falscher Pflege leidet und zum Beispiel braune Blattränder bekommt (→ Pflegefehler, Seite 57).
- sie zu wenig Licht erhält und daher blasse, lange Triebe ausbildet (→ Ins rechte Licht gesetzt, Seite 15).
- verwelkte Blüten oder alte, vergilbende Blätter entfernt werden müssen.
- ein Rückschnitt angebracht wäre (→ Pflanzen gut in Form, Seite 48).

Abstauben

Hin und wieder werden Sie eine feine Staubschicht auf den Blättern Ihrer Hydrokultur-Pflanzen entdecken. Hier hilft eine erfrischende Dusche. Nehmen Sie dafür die Pflanze mit dem Kulturtopf aus dem Hydrogefäß. Wenn Sie Ihre Pflanzen über eine Nährstoffbatterie (→ PRAXIS Hydrokultur-Grundausrüstung, Seite 10/11) mit Dünger versorgen, sollten Sie diese vor dem Durchspülen aber entfernen und hinterher wieder einsetzen. Die Blätter entstauben Sie am besten mit einem leichten, lauwarmem Duschstrahl. Spülen Sie nun auch das Tongranulat mit einem lauwarmen Wasserstrahl von oben gründlich durch. So werden abgestorbene Pflanzenteile, Staub, Schmutz und abgelagerte Salze entfernt.

Gefäße reinigen

Waschen Sie bei dieser Gelegenheit auch das Hydrogefäß von innen aus. Gleichzeitig können Sie dabei die Außenfläche einer gründlichen Reinigung unterziehen, denn besonders auf den glänzenden Oberflächen sehen Wasser- oder Kalkflecken häßlich aus. Hiergegen hilft ein Reinigungsmittel oder Essigwasser.
Hinweis: Der Übertopf sollte nach jeder Säuberung gründlich mit klarem Wasser ausgespült werden. Reste von Reinigungsmitteln könnten den pH-Wert (→ Gießen, Seite 40/41) der Nährlösung ungünstig beeinflussen oder auf anderem Weg pflanzenschädlich wirken.

Blattglanz

Mit Hilfe spezieller Blattglanz-Sprays können Sie einen seidigen Schimmer auf die Blätter Ihrer Zimmerpflanzen bringen. Damit tun Sie auch etwas für deren Gesundheit, denn viele Schädlinge wie Spinnmilben, Weiße Fliege und Schildläuse mögen die so behandelten Blätter nicht (→ Schädlinge, Seite 56).

Das Umtopfen

Gesunde Pflanzen entwickeln eine erstaunliche Wuchskraft, und das nicht nur oberirdisch. Sie können dies einfach nachprüfen, indem Sie den Kulturtopf etwas hochheben. Wenn die Wurzeln üppig aus allen Ritzen des Kulturtopfes herauswachsen, oder diesen gar zu sprengen drohen, wird es höchste Zeit fürs Umtopfen. Wird dieses versäumt, so kann sich die Pflanze nicht mehr gesund weiterentwickeln. Auch mindern die durchgewachsenen Wurzeln den Wasservorrat im Hydrogefäß, und die Pflanze muß viel öfter gegossen werden oder könnte sogar verdursten.
Vorbereitung. Bevor Sie ans Werk gehen, müssen Sie einen neuen größeren Kulturtopf mit passendem Wasserstandsanzeiger und Hydrogefäß besorgen. Sie brauchen auch Tongranulat

der passenden Körnung (→ Körnung, Seite 12).
Mein Tip: Wenn Sie das Granulat vor dem Umtopfen gut anfeuchten, erleichtern Sie Ihren Gewächsen das Anwurzeln nach dem Umpflanzen.
Gesundheits-Test für die Wurzeln. Beim Umtopfen gehen Sie wie auf der rechten Seite beschrieben vor. Werfen Sie bei dieser Gelegenheit einen kritischen Blick auf die Wurzeln. Schneiden Sie alle faul oder krank aussehenden Teile sorgfältig ab. Solche Wurzeln sehen schwärzlich oder glasig aus und haben einen unangenehmen Geruch.
Der richtige Zeitpunkt. Am besten topfen Sie Ihre Pflanzen zu Beginn der Wachstumsperiode um, also im zeitigen Frühjahr. Während der Ruhephase oder zur Blütezeit sollte niemals umgetopft werden.
Mein Tip: Tragen Sie beim Umtopfen von Pflanzen mit scharfkantigen Blättern, Dornen oder Stacheln unbedingt Handschuhe. Ausladende oder empfindliche Pflanzen können Sie vor dem Umtopfen locker zusammenbinden oder in ein Tuch wickeln.

Gebrauchtes Granulat

Sie können Ihr altes Granulat mehrmals wiederverwenden, sofern es nicht mit kranken Pflanzen in Berührung gekommen ist. Auch Blähton mit dikker Salzkruste oder sonstigen Ablagerungen sollten Sie nicht weiter benützen. Sie können ihn auf dem Komposthaufen entsorgen. Noch brauchbares Granulat geben Sie vor der Wiederverwendung in ein Sieb und spülen es mit heißem Wasser gründlich durch, damit aller grober Schmutz ausgewaschen wird.

So wird umgetopft

Ziehen Sie den Wurzelballen vorsichtig aus dem zu eng gewordenen Kulturtopf heraus. Wenn dies nicht geht, weil die Wurzeln zu stark durch die Schlitze gewachsen sind, müssen Sie den alten Topf vorsichtig mit einer robusten Gartenschere aufschneiden. Die Wurzeln sollen dabei so wenig wie möglich verletzt werden. Bedecken Sie nun den Boden des neuen Kulturtopfes mit Tongranulat und heben Sie den Wurzelballen der Pflanze hinein. Verfahren Sie dann genauso, wie es auf S. 51 »Pflanze in Granulat topfen« beschrieben ist. Nun müssen Sie nur noch den neuen Wasserstandsanzeiger in den Kulturtopf stecken und alles in das passende Hydrogefäß stellen.

Wurzelballen beschneiden

Wenn Sie Ihre zu groß gewordene Pflanze aber weiter im alten Gefäß ziehen wollen, können Sie den Wurzelballen auch beschneiden. Gleichzeitig sollten Sie jedoch die oberirdischen Teile entsprechend kürzen (→ Schöneres Wachstum durch zurückschneiden, Seite 48), damit wieder ein Gleichgewicht zwischen Wurzeln und Trieben hergestellt wird. Eine solche Radikalkur vertragen aber nicht alle Arten, versuchen können Sie es bei der Birkenfeige *(Ficus benjamina)*, dem Fensterblatt *(Monstera deliciosa)*, und dem Baumfreund *(Philodendron-*Arten).

Pflege von Bodengefäßen

Bei diesen großen Hydrogefäßen fallen noch folgende Pflegearbeiten an:
Nährlösung austauschen. Es empfiehlt sich, einmal im Jahr die Nährlösung komplett auszutauschen. Es könnten sonst Probleme mit Salzanreicherungen oder dem pH-Wert (→ Gießen, Seite 40) entstehen. Sehr erleichtert wird die Prozedur, wenn Sie bereits beim Bepflanzen den Wasserstandsanzeiger mit einem Absaugschacht versehen (→ Große Bodengefäße, Seite 33). Sie brauchen für den Austausch noch eine einfache Handpumpe, die im Fachhandel für wenig Geld zu erwerben ist. Wer viele Großgefäße im Hause hat, kann auch auf ein etwas teureres, batteriebetriebenes Modell zurückgreifen.
So gehen Sie vor:

- Füllen Sie Wasser in das Gefäß, bis der Wasserstandsanzeiger auf »Maximum« steht. Dadurch wird das Tongranulat gut durchgespült.
- Führen Sie nun den Saugschlauch der Pumpe in den Absaugschacht ein und pumpen Sie die Nährlösung in einen Eimer ab, bis das Hydrogefäß vollständig leer ist.
- Gießen Sie nun frisches lauwarmes Wasser gleichmäßig über den Blähton, bis der Wasserstandsanzeiger auf »Optimum« steht.
- Düngen Sie nach Vorschrift (→ Düngen, Seite 42). Geben Sie Langzeitdünger (→ Seite 42) aber nie über den Absaugschacht in das Gefäß, denn dieser könnte verstopfen.

Pflanzen austauschen. Sicher wollen Sie bei einem mit mehreren Gewächsen bestückten Bodengefäß hin und wieder abgeblühte Exemplare herausnehmen. Empfehlenswert ist ein Austausch auch, wenn eine Pflanze zu stark in Richtung Licht wächst, also einen etwas zu dunklen Standort bekommen hat. Kränkelnde Pflanzen sollten ebenfalls entfernt werden.
Wenn Sie bereits beim Bepflanzen des Bodengefäßes die Austausch-Manschetten (→ Große Bodengefäße, Seite 32) um die Kulturtöpfe legen, ersparen Sie sich, umständlich im Blähton zu wühlen oder gar das ganze Gefäß ausräumen zu müssen. Als »Platzhalter« verhindert die Austausch-Manschette, daß Blähton in die Lücke nachrutscht, sobald Sie den Kulturtopf herausnehmen.
Standort verändern. Oft stellt sich nach einiger Zeit heraus, daß das Bodengefäß doch an einem weniger günstigen Platz steht. Es kann dort zu warm, zu kalt, zu zugig, zu sonnig oder zu dunkel sein (→ Pflegefehler, Seite 57). Mit den Rollen oder Gleitern (→ Große Bodengefäße, Seite 33) können Sie aber auch wuchtige Bodengefäße leicht an einen besseren Platz verschieben.
Stäbeln und Aufbinden. Wüchsige Kletter- und Rankpflanzen werden im Laufe der Zeit »Unterstützung« brauchen: Für sie gibt es fast unverwüstliche Haltestäbe aus Kunststoff, die mit Naturkork beschichtet sind. Sie sind in mehreren Durchmessern erhältlich, passend zur jeweiligen Pflanzengröße. Das Haltestück für den Stab wird entweder in die dafür vorgesehenen Schlitze im Boden des Kulturtopfes eingeklipst oder der Haltestab wird mit Hilfe einer speziellen Kunststoff-Spitze direkt in das Großgefäß gesteckt. Über Zwischenstücke sind die Haltestäbe je nach Bedarf zu verlängern. Das Ende des Stabes wird mit einer passenden Kappe verschlossen.
Die meisten Pflanzen haften sehr gut an der rauhen Kork-Oberfläche des Stabes. Hin und wieder müssen sie aber vorsichtig angebunden werden. Am besten verwenden Sie hierfür elastische Kunststoffringe, die sich dem Dickenwachstum der Pflanzen anpassen. Sie können aber auch Bast, Blumendraht oder eine Schnur benutzen. Sie dürfen diese aber nicht fest anziehen, damit die Triebe nicht eingeschnürt werden.

Bodengefäße und Urlaub

Bodengefäße – eindrucksvoll und auch im Urlaub pflegeleicht.

Hydrokultur im Urlaub

Gerade im Urlaub zeigen sich die Vorteile der Hydrokultur. So bereiten Sie Ihre Pflanzen darauf vor:

• Stellen Sie die Pflanzen vom Fenster weg. Wenn sie weniger Licht und keine pralle Sonne erhalten, brauchen sie auch weniger Wasser. Der Standort darf aber wiederum nicht zu dunkel sein (→ Ins rechte Licht gesetzt, Seite 15).

• Gießen Sie – was in diesem Fall ausnahmsweise erlaubt ist – bis zur Markierung »Maximum«.

• Jedoch sollten Gewächse mit sehr niedrigem Wasserbedarf wie Kakteen, Sukkulenten und Orchideen auch in diesem Fall nur bis »Optimum« gegossen werden.

• Prüfen Sie, ob die Pflanze auch über die Urlaubszeit noch ausreichend mit Nährstoffen versorgt sein wird (→ Düngen, Seite 42).

• Achten Sie in der kühleren Jahreszeit darauf, daß die Raumtemperatur während Ihrer Abwesenheit nicht unter einen der Pflanze noch zuträglichen Wert sinken kann.

• Genauso darf im Sommer niemals brütende Hitze herrschen, die eine zu hohe Wasserverdunstung bewirken würde.

<u>Großgefäße.</u> Die meisten haben – wenn sie bis »Maximum« aufgefüllt wurden – einen Wasservorrat, der für 3 bis 4 Wochen ausreicht.

<u>Kleingefäße.</u> Ihr Wasservorrat ist geringer bemessen, selbst wenn Sie ebenfalls bis »Maximum« gießen. Er reicht nur für etwa 10 Tage.

Mein Tip: Es gibt hier einen einfachen Trick zur Erhöhung des Wasservorrats: Nehmen Sie die Pflanzen mitsamt den Kulturtöpfen aus den Hydrogefäßen heraus. Stellen Sie sie in eine wasserdichte Wanne, in die Sie 2 bis 3 cm lauwarmes Leitungswasser füllen. Wählen Sie für dieses Gefäß einen hellen Standort, etwa 1 m vom Fenster entfernt. So versorgt, werden die Pflanzen selbst im Sommer 2 bis 3 Wochen ohne Gießen auskommen.

Vorbeugen ist besser als heilen

Auch für Hydrokultur-Pflanzen gilt, daß ein optimaler Standort und die richtige Pflege die besten Voraussetzungen für ein gutes Gedeihen bilden. Schlecht ernährte Pflanzen, die am falschen Standort dahinvegetieren, sind eine leichte Beute für Schädlinge.
Beachten Sie hierbei:

- Hohe Temperaturen und zu trockene Luft fördern die Entwicklung von Läusen, Spinnmilben und Weißer Fliege.
- Eine zu hohe Luftfeuchtigkeit bei kühlen Temperaturen begünstigt wiederum einen Befall mit Pilzen wie dem Echten Mehltau.

Mein Tip: Werfen Sie beim Gießen stets einen kritischen Blick auf Ihre Hydrokultur-Pflanzen (→ Regelmäßige Kontrolle, Seite 52). Wenn Sie Schädlinge oder Pflegefehler rechtzeitig erkennen, läßt sich die Pflanze meist noch retten. Versuchen Sie dann so rasch wie möglich, Gegenmaßnahmen zu ergreifen.

Bekämpfung von Schädlingen

Greifen Sie jedoch nicht gleich zur Giftspritze, sobald Sie ein paar Blattläuse gesichtet haben. Gerade im Wohnbereich sollten chemische Pflanzen-

Die fünf häufigsten Schädlinge

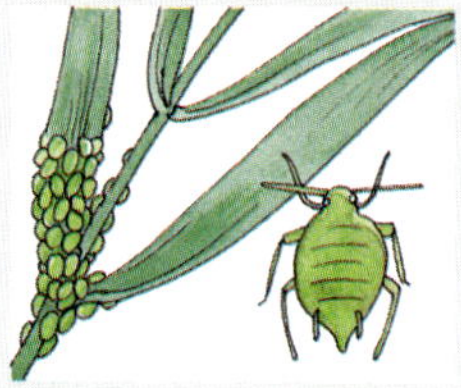

Blattläuse
Schadbild: Grüne oder schwarze Läuse an jungen Trieben und Blättern, gekräuselte Blätter, klebriger Belag. Ursache: Zu warmer Standort, zuviel Stickstoff. Abhilfe: Schmierseifenlösung, Florfliege einsetzen.

Woll- oder Schmierläuse
Schadbild: Weißliche Insekten mit wolligem Überzug in Blattachseln und an Stengeln, verkrüppelte, klebrige Blätter. Ursache: Trockene Luft, Mangelernährung. Abhilfe: Australischer Marienkäfer, Paraffin- oder Weißöl.

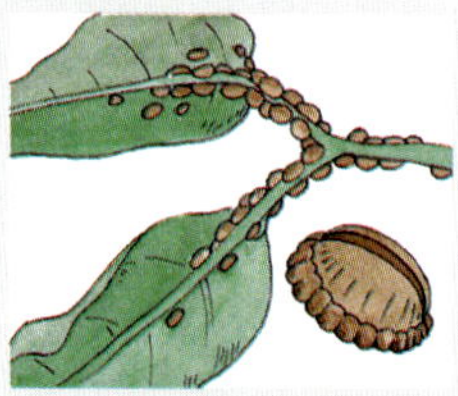

Schildläuse
Schadbild: Braune Höcker an Stengeln und Blattrippen, klebrige Blätter, Kümmerwuchs. Ursache: Zu trockener Standort, auch Nährstoffmangel. Abhilfe: Australischer Marienkäfer, Weißöl.

Spinnmilben oder Rote Spinne
Schadbild: Auf der Blattunterseite feine Gespinste und winzige Milben, oberseits helle Punkte, Blätter vertrocknen. Ursache: Zu trockener Standort. Abhilfe: Luftfeuchte erhöhen, Raubmilben.

Weiße Fliege
Schadbild: Auf Blattunterseite weiße, geflügelte Insekten und grüne Larven, klebrige Blätter. Ursache: Trockener Standort, zuviel Stickstoff. Abhilfe: Luftfeuchte erhöhen, Gelbtafeln aufhängen.

schutzmittel möglichst vermieden werden.

Die folgenden alternativen Bekämpfungsmethoden stehen Ihnen zur Auswahl:

- Gelbtafeln oder -sticker werden an die befallenen Triebe gehängt oder in das Granulat gesteckt. Durch die gelbe Farbe angezogen, bleiben Insekten wie Weiße Fliege und geflügelte Blattläuse an der Leimbeschichtung haften.
- Schmierseifenlösung mit einem Schuß Brennspiritus hilft gegen Blattläuse.
- Paraffin- und Weißöle wirken gegen Spinnmilben und Woll- oder Schmierläuse.
- Nützlinge wie Florfliegen, Schlupfwespen, Raubmilben und Australischer Marienkäfer sind die natürlichen Feinde von Schädlingen. Sie können im Gartenfachhandel Bestellscheine für Nützlinge erwerben. Sie kommen frisch vom Züchter per Post ins Haus und werden dann nach beiliegender Anleitung auf die befallenen Pflanzen gesetzt. Schlupfwespen und Florfliegen brauchen jedoch mindestens 18 °C, erstere auch sehr viel Licht. Sie können also nur von April bis September erfolgreich verwendet werden.

Hinweis: Wenn sich der Einsatz von chemischen Pflanzenschutzmitteln nicht vermeiden läßt, sollten Sie unbedingt genau die Gebrauchsanweisung beachten.

Die fünf häufigsten Pflegefehler

Falsche Düngung
Schadbild: Blätter vergilben, oft bleiben die Adern grün. Ursache: Nährstoffmangel, verursacht durch sehr hartes oder weiches Wasser. Abhilfe: Verwenden Sie einen für den Härtebereich Ihres Wassers geeigneten Dünger.

Zu wenig Feuchtigkeit
Schadbild: Braune Blattspitzen, eingerollte Blätter, welkende Pflanze. Ursache: Zu trockene Luft, zu geringer Wasserstand. Abhilfe: Für höhere Luftfeuchtigkeit sorgen, Wasserstand und Funktion des Anzeigers kontrollieren.

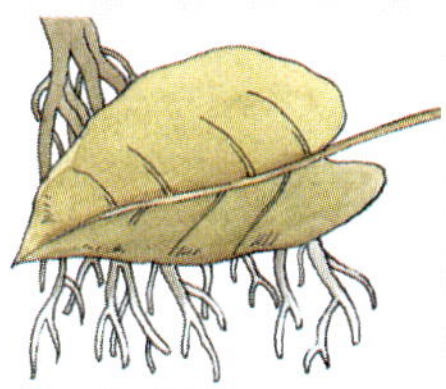

Staunässe
Schadbild: Vergilbte Blätter und verfaulte Wurzeln, schlaffe Pflanze. Ursache: Ständig zu hoher Wasserstand. Abhilfe: Funktion des Wasserstandsanzeigers überprüfen, nur bis »Optimum« gießen.

Falsche Temperatur
Schadbild: Blätter fallen ab, die Pflanze beginnt zu verkahlen. Ursache: Zu niedrige oder hohe Temperaturen bei – vor allem im Winter – zu geringer Luftfeuchtigkeit. Abhilfe: Temperatur optimieren, Luftfeuchtigkeit erhöhen.

Sonnenbrand
Schadbild: Braune, später auch weißlich-silberne Blattflecken. Ursache: Verbrennungen durch zu starke Sonneneinstrahlung. Abhilfe: Fenster schattieren, nicht über die Blätter gießen, Transportschäden vermeiden.

Sach- und Pflanzenregister

Die **halbfett** gesetzten Seitenzahlen verweisen auf Farbfotos und Zeichnungen. Auf den mit * gekennzeichneten Seiten finden Sie Beschreibung und Pflegehinweise zur jeweiligen Pflanze. U = Umschlagseite

Absaugschacht 33, 54
Acalypha-Arten 20*, 35
Achimenes-Hybriden **3,** 20*, 39
Aeschynanthus-Art **29**
Aglaonema-Arten 20*
Algen 13, 36
Allamanda cathartica 18
Amaryllis 20*
Ampel **35**
– gestalten 34
Ampelpflanzen 19, 20, 21, 22
Ananas 16*
Anthurium-Scherzerianum-Hybriden 20*, 55
Anzucht 46
-töpfe 10, **46,** 47
Arecapalme 21*
Asparagus
– *setaceus* 20*, **31, 44, 45**
Aufbinden 54
Aufladungen
–, elektrostatische 8
Aussaat 12
Austausch-Manschette 54

Balkon 6
Baumfreund 21*
Beaucarnea recurvata 20*
Begonia-Elatior-Hybriden 20*
Begonie 20*
Bergpalme 21*
Bewurzelung 47
Bimsstein 12
Birkenfeige 21*, **31, 32, 44, 45**
–, schmalblättrige 21*
Blähschiefer 12
Blähton 8, 12, 25
Blätter
–, bunte 23
– entstauben 52
–, vergilbte 9, 52, 57
Blatt
-fall 16
-farbe 20
-flecken 57
-glanzspray 21, 52
-kakteen 25
-knoten 47
-pflanzen **4, 5,** 20, 22, 23, 28, **43**
Blumenfenster **31**
– gestalten 30
Blumenkasten **30, 31**
Blüten
-farbe 20
-pflanzen **4, 5,** 18, 20, 28, 34, **43**
–, welke 52
Blütezeit 52
Bodengefäße **55**
– gestalten 33
Bodenschädlinge 8
Bor 42
Brennglas-Effekt 16, 41
Bromelien 16*, **26**
Bromeliengewächse 20*
Buntblatt **44, 45**
Büroräume 9, **9**

Calamondin-Bäumchen 20*
Calcium 42
-Mangel 42
Carrara-Kies 12
Chamaedorea elegans 21*
Chlorophyll 15
Christusdorn **19,** 20*, 25
Chrysalidocarpus lutescens 21*
Cissus-Arten 20*
Citrus aurantiifolia 20*
Codiaeum variegatum 21*, 23
– 'Aucubafolia Stamm' **31**
– 'Gold Sun' **29, 31, 44, 45**
Columnea microphylla 18, 20*
Cryptanthus bivittatus 31, **31**

Drachenbaum **44, 45**
Dieffenbachia-Hybriden 21*
Dieffenbachie 21*
Dizygotheca elegantissima **29, 31, 44, 45**
Dornen 25
Dracaena
– *deremensis* 21*, 23
– 'Warneckii' **31**
– *marginata* 21*, **44, 45**
– *sanderiana* **44, 45**
Drachenbaum 21*, **23**
Drachenlilie 21*, **31**
Dünge-Tabletten 42
Dünger 8, 10
-Arten 42
–, Flüssig- 10, **10,**
–, Langzeit- 10, **10**
– in Tablettenform 10, **10**
Düngung
–, falsche **57**

***E**chinofossulocactus* 25
– *bustmantei* **25**
Efeutute 21*
Eifellava 12
Einblatt 19, **19,** 20*, **41**
Einkaufs-Tips 9
Einkreislaufsystem 36, **36**
Elefantenfuß 20*
Epiphyten-Pflanzen 20*, 24
Epipremnum pinnatum 21*
Erde 8
– entfernen 50
Erdstern **31**
Essigwasser 52
Eunonymus japonica **44, 45**

Register

Euphorbia
– *Lomii*-Hybride 'Vulcanus' **44, 45**
– *milii* 19, 20*, 25
– *triglochidiatus* **44, 45**

Farben 28
Farne 16*, **23**
Fäulnis 12, 40
Fenster
–, Nord- 30
–, Ost- 16, 30
–, Süd- 16, 30
–, West- 16, 30
Fensterbank 15
Fensterblatt 21*
Feuchtigkeit
–, geringe **57**
Ficus
-Arten 40*
– *benjamina* 21*, **31**
– 'De Gantel' **32**
– 'Golden King' 21*
– 'Starlight' **31, 44, 45**
– *binnendijkii* 21*
–, Kletter- **22**
– *pumila* 21*, 22, **31, 32**
– 'Dorte' **44, 45**
– 'Sonny' **31,** 34
Fingeraralie **29, 31, 44, 45**
Flamingoblume 20*, **55**
Flammendes Käthchen **5, 19,** 20*, **31**
Fleißiges Lieschen 20*
Florfliege 56, 57
Flüssigdünger 42
Folie 13, 30, **47**
Frauenschuh 24, **24**

G*ardenia jasminoides* 20*
Gardenie **3**
Gefäße 6, 11, 12, 13, **26,** 34, 64, U3
– aus Acryl-Glas 13
–, große 55
–, kleine 55
– reinigen 52
–, Terrakotta- 34
Geiltriebe 48
Gelbtafeln 56, 57
Gestaltung
– von Ampeln 34
– von Bodengefäßen 33
Gestaltungs-Grundregeln 28
Gießen 8, 40, 55
Gießwasser
– hartes 10
– weiches 10
Gipfeltrieb 48
Gittertopf **46**
Gleiter 33, 54
Goldtrompete 19
Granulat 8, 10, 11, 12, **46**
–, gebrauchtes 52
Grundausstattung 10, 33
Grünpflanzen **2,** 22, 64, U3
Gutsherrenblume 3, 20*

Haftwurzeln 21
Haltestab 54
Handpumpe 33, 54
Hängepflanzen 34
Hauptnährstoffe 42
Hedera helix 21*
– 'Gold Child' **44, 45**
– 'Pittsburgh' **44, 45**
Heizen 16
Hibiskus 40*
-blüte **17**
Hippeastrum-Hybriden 20*
Hitzeschäden 16
Hochdrucklampen 15
Howeia forsteriana 21*, 22
Hoya carnosa 21*
Hydrokulturgefäß 10
Hypoestes phyllostachya **44, 45**

I*mpatiens*-Hybriden 20*
Indikatorpapier 41
Ionenaustausch 42
Islandbruch 12

Jalousie 15, 16, 30
Jungpflanzen 44, **44, 45, 47**

Kakteen 16*, 17, 20*, 25, 25*, **26,** 40*, 41*, 55, U4
-Arten 20*
Kalanchoe
– *blossfeldiana* 5, 19, 20*
-Hybride **31**
Kali 42
Kalk 40
-flecken 52
-gehalt 40
Kälteschäden 16
Kapillaren 12
Katzenschwanz 20*, 34, **35**
Kauf 16
Kentia-Palme 21*
Strahlenaralie 21*
Kletterfeige 21*, **31, 32, 44, 45**
–, weißbunte 34
Kletterpflanzen 20, 54
Kohlendioxyd 15
Kohlenhydrate 15
Kolbenfaden 20*
Kompost 52
Kontrolle der Pflanze 52
Kopfsteckling schneiden 46, **46**
Körbe 13
Körnung 12
Krankheiten 56
Kroton 21*, **23, 29, 31, 44, 45**
Kugelkakteen 25
Kulturtöpfe 10, **10,** 11, 51, 52

Lamellenkaktus 25
Langzeitdünger 8, 29, 42, 54
Läuse 56, **56**
Leitpflanzen 28
Licht 14, 52
-bedarf 20
-intensität 15
-messung 15
–, natürliches 15
-spektrum 15
Livistona rotundifolia 21*
Lüften 16
Luft 40
–, feuchte 17
–, trockene 16, 33, 56
Luftfeuchtigkeit 8, 25, 36, 41
–, hohe 56
–, relative 16

Register

Luftschadstoffe
– in Wohnräumen 8
– in Arbeitsräumen 8
Lux 15

Malayenblume 24, **24, 31**
Mangan 42
Mangelernährung 56
Marienkäfer
–, Australischer 56, 57
Medinilla magnifica 20*
Medinille 20*
Mehltau 20, 56
Mindesttemperatur 20
Mindestwasserstand 36
Monstera deliciosa 21*

Nährlösung 12, 42,
– austauschen 54
–, Temperatur der 16
Nährstoffbatterie 10, **10,** 42, 52
Nährstoffmangel 57
Nephrolepis exaltata 21*, 23, 27, 34
Nützlinge 56, 57

O*dontoglossum*
-Arten 24
-Hybriden 24
Orchideen 16*, 20*, 24, 24*, 40*, **49,** 55
-Arten 20*

Palme **U2, 7,** 16*, 21, **22,** 23
Palmlilie 21*
Paphiopedilum-Arten 24
Paraffinöl 56, 57
Parodia 25
– *chrysacanthion* 25
Peperomia-Arten 21*
Pflanzen
– austauschen 54
–, buntlaubige 15
–, giftige 21
–, großlaubige 28
– in Granulat topfen 51
– im Urlaub 55
– kombinieren 28
–, mediterrane 16*
–, panaschierte 15
–, tropische 16*
Pflanzenernährung 42
Pflanzenleuchte 15
Pflanzenschutzmittel
–, chemische 56
Pflanzwannen 30
Pflege
– nach dem Umstellen 51
– von Bodengefäßen 54
Pflege-Service 33
Pflegefehler 57
pH-Wert 41, 54
Phalaenopsis
-Arten 24, 49
-Hybriden 24, **31**
Philodendron-Arten 21*, 40*
Phoenix roebelenii 21*
Phosphor 42
Photosynthese 15
Pilze 17, 56
Pumpe 36, 37
Pumpenpflege 37
Purpurtute **32, 44, 45**

Quecksilberdampf-Hochdrucklampe 15
Quellstein 36

Rachenrebe **18,** 19, 20
Rankpflanzen 21, 54
Raubmilben 56, 57
Räume
–, beheizte 16, 24
–, trockene 8
Raumtemperatur 9
Rote Spinne **56**
Ruhezeit 24, 25, 40, 52

Saftfluß 47
Saintpaulia
-Hybride 19, **29, 31,** 41*
– *ionantha* 20*, **44, 45**
Salzablagerungen 36, 52
Salzanreicherungen 54
Salze 42, 52
Säulenkaktus **44, 45**
Säuregrad des Wassers 41
Schädlinge 16, 52, **56**
Schädlingsbefall
–, Vorbeugung 56
Schale **14, 29**
Schale bepflanzen 29
Schamblume **29**
Schefflera
– *actinophylla* 21*, 23
– *arboricola* 21*
Schwertfarn **27**
Schiefteller 3, 20*, **39**
Schildläuse **56**
Schirmpalme 21*
Schlingstrauch 21
Schlumbergera-Hybriden 25, **25**
Schlupfwespen 57
Schmierläuse **56**
Schmierseifenlösung 56, 57
Schmutz 52
Schnitt 48, 51
-wunden 48
Schwertfarn 21*, 34
Schwimmer 11
Solitärpflanze 21
Sonnenbrand 41, **57**
Spaltöffnungen 8
Spathiphyllum-Arten 19, 20*, 41
Spindelstrauch **44, 45**
Spinnmilben 56, **56**
Spitzenförderung 48
Sprühen 41
Spurenelemente 42
Standfestigkeit 30
Standort 56
– verändern 54
Standrosette 33
Staub 52
Staunässe 47, **57**
Stecklinge 12
– schneiden 47, **47**
– stecken 47, **47**
Steinböden 16
Stickstoff 42, 56
Strahlenaralie 21*, **23**
Sukkulenten 16*, 17, 25, **26,** 40*, 41*, 55, U4
Syngonium podophyllum **32**
– 'Butterfly' **44, 45**

Teilsteckling 46
Temperatur 16, 55,56
–, falsche **57**
Tetanus-Erreger 8

Tongranulat entsorgen 12
Topf-in-Topf-System 6, 11, **11**
Triebe
–, verholzte 48

Umstellen auf Hydrokultur 50
Umtopfen 8, 52, **52**
–, richtiger Zeitpunkt 52
Urlaub 40
–, Pflanzenpflege im 55
Usambara-Veilchen 19, **19,** 20*, **29, 31,** 41*, **44, 45**

Verbrennungen 15, 57
Vermehrung
–, vegetative 46
Vorbeugung
–von Schädlingsbefall 56
–von Pflegefehlern 57

Wachsblume 21*
Wachsschicht 25
Wachstum 48
Wachstumsfaktoren 15
Wandgefäße 34
Wandhalter 34
Wanne
–, wasserdichte 55
Wärme 16
Wasser
-bedarf 20
-flecken 52
-härte 40, 42, 57
-reservoir 12, **46**
Wasserstandsanzeiger **U1,** 8, 10, 11, **11,** 52
– überprüfen 57
Wassertemperatur 40
Wasservorrat 8, 55,
Wasserzerstäuber 16
Weihnachtskaktus 25
Weiße Fliege 56, **56**
Weißöl 56, 57
Wohnraum **2, 17,** 23
Wolfsmilch **44, 45**
Wolläuse **56**
Wuchsformen 28
Wurzelballen
– beschneiden 52
Wurzelkrankheiten 8
Wurzeln 8, 10, 11, 50, 51
–, kranke 52
–, verfaulte 57

Yucca elephantipes 21*

Zahnzunge 24, **24**
Zierspargel 20*, **31, 44, 45**
Zimmerbäume **22, 23, 49**
Zimmerbrunnen 36, **36, 37**
Zimmerefeu 21*, **44, 45**
Zimmerwein 20*
Zubehör **38, 39**
Zugluft 9, 16
Zusatzlicht 15
Zweikreislaufsystem 36, **37**
Zwergdattelpalme 21*
Zwergpfeffer 21*

Literatur, die weiterhilft

(falls nicht im Buchhandel, dann in Bibliotheken erhältlich)

Amberger-Ochsenbauer, S.: *Zimmerfarne.* Gräfe und Unzer Verlag, München
Becherer, F.: *Kakteen.* Gräfe und Unzer Verlag, München
Heitz, H.: *Blütenpflanzen fürs Zimmer.* Gräfe und Unzer Verlag, München
Heitz, H.: *Orchideen.* Gräfe und Unzer Verlag, München
Heitz, H.: *Palmen.* Gräfe und Unzer Verlag, München
Heitz, H.: *Zimmerpflanzen.* Gräfe und Unzer Verlag, München
Keil, G.: *Gießen, Düngen, Umtopfen.* Gräfe und Unzer Verlag, München
Recht, Chr.: *Grünpflanzen fürs Zimmer.* Gräfe und Unzer Verlag, München
Weber, A./Greiner, K.: *Zimmerbäume.* Gräfe und Unzer Verlag, München
Wegler, M.: *Zimmerbrunnen.* Gräfe und Unzer Verlag, München

Zeitschriften

Flora. Gruner+Jahr AG & Co, Hamburg
Kraut & Rüben. BLV Verlagsgesellschaft mbH, München
mein schöner Garten. Burda Verlag GmbH, Offenburg

Bezugsquellen

In guten Fachgeschäften erhalten Sie alles für die Hydrokultur.
Auskünfte erteilt der Fachverband Deutsche Hydrokultur Godesberger Allee 142-148 53175 Bonn

Dank

Autor und Verlag danken Frau Sigrid Opitz für die Mithilfe; der Firma Leni-Hydrokultur und der Familie Rust in Bergneustadt für die Unterstützung beim Fotografieren; der Firma Leni-Hydrokultur, Bergneustadt, für die Bereitstellung von Pflanzen, Zubehör und Dias; sowie Herrn W. Höfer für die Hilfe bei der Gestaltung.

Impressum

Warnung und Hinweis

In diesem Buch geht es um die Pflege von Hydrokultur-Pflanzen. Einige der beschriebenen Arten sind mehr oder weniger giftig. Tödlich giftige Pflanzen, aber auch minder giftige, die bei geschwächten Erwachsenen oder Kindern erhebliche gesundheitliche Störungen hervorrufen können, sind in den Tabellen auf den Seiten 20/21 mit einem Totenkopf gekennzeichnet. Achten Sie darauf, daß Kinder die als gefährlich bezeichneten Pflanzen oder Teile davon nicht essen. Um Verletzungen beim Umtopfen oder Transport von sperrigen oder stacheligen Pflanzen zu vermeiden, tragen Sie Arbeitshandschuhe und eine Schutzbrille. Kommt es beim Umstellen auf Hydrokultur beim Umgang mit Erde zu offenen Verletzungen, suchen Sie umgehend einen Arzt auf und lassen Sie sich fachkundig behandeln. Besprechen Sie mit ihm, ob eine Impfung gegen Tetanus (Wundstarrkrampf) erforderlich ist.
Halten Sie sich beim Einsatz von Pflanzenschutzmitteln an die Gebrauchsanweisung. Bewahren Sie Pflanzenschutz- und Düngemittel (auch organische) so auf, daß sie für Kinder und Haustiere unerreichbar sind. Der Genuß dieser Mittel kann zu gesundheitlichen Schäden führen. Außerdem dürfen die Mittel nicht in die Augen gelangen.
Stellen Sie Hydrokultur-Gefäße außerhalb der Reichweite von Kleinkindern auf, sichern Sie sie gegebenenfalls gegen Herabfallen, und achten Sie darauf, daß die Kinder kein Tongranulat verschlucken.

Die Fotografen:

Die Fotos in diesem Buch stammen von Jürgen Stork, mit Ausnahme von: Becherer: Seite 25; Leni Hydrokultur: Seite 2, 7, 13, 17 o., 18 re., 22 re., 23 o., u.li., u.re., 43, 49, 55, 64/U3; Morell: Seite 18 li., 23 mi.re., 35 u.; Reinhard: U4 o.re., Seite 3, 17 u., 24 o., 39 re.; Schneiders: Seite 9, 24 mi., u.; Strauß: Seite 19 o.; Wegler: 36, 37.

Die Fotos auf dem Umschlag

Umschlagvorderseite: Attraktive Pflanzen in einer Steinzeug-Schale. Kleines Foto: Der Wasserstandsanzeiger gehört zum wichtigsten Zubehör. Umschlagseite 2: Aus Gefäßen, Tongranulat und auffallenden Pflanzen wie hier den Zimmerpalmen können Sie schöne Arrangements zusammenstellen.
Umschlagrückseite, Foto oben links: Selbst Kakteen und Sukkulenten fühlen sich in Hydrokultur wohl.
Foto oben rechts: Viele Blütenpflanzen gedeihen ohne Erde.
Foto unten: Hydrokultur-Gefäße lassen sich eindrucksvoll bepflanzen.

Redaktion: Peter Völk
Lektorat: Jolanda Englbrecht
Layout und Umschlaggestaltung: Heinz Kraxenberger
Herstellung und Satz: Michael Bauer, Weißenfeld
Repro: Penta
Druck und Bindung: Kaufmann, Lahr

ISBN 3-7742-1681-9

Auflage 5. 4. 3. 2. 1.
Jahr 99 98 97 96 95

Natur in den eigenen vier Wänden

Mit Hydrokultur-Gefäßen und -Pflanzen können Sie Ihre Wohnbereiche attraktiv begrünen bei vergleichsweise geringem Pflege-Aufwand. Es gibt eine große Auswahl an Gefäßen, die mit den verschiedensten Einrichtungsstilen harmonieren. Durch Farben können Sie Kontrapunkte zur Einrichtung setzen oder die gleichen Töne wieder aufnehmen. Die Vielzahl der in Hydrokultur gedeihenden Gewächse ermöglicht interessante Pflanzen-Kombinationen. So können Sie eine grüne Oase ganz nach ihren Wünschen gestalten.

Diese robusten Gefäße aus Steinzeug in Naturtönen passen ausgesprochen gut in Wohnräume, in denen natürliche Materialien vorherrschen. Die verschiedenen Grüntöne der Pflanzen kommen hier besonders deutlich zur Geltung.